EVANGELIZACIÓN PODEROSA

John Wimber
y
Kevin Springer

BETANIA

Un Sello de Editorial Caribe

Betania es un sello de Editorial Caribe, Inc.
Una división de Thomas Nelson, Inc.

© **1997 EDITORIAL CARIBE**
P.O. Box 141000
Nashville, TN 37214-1000, EE.UU.

E-Mail: caribe@editorialcaribe.com

Título del original en inglés:
Power Evangelism
© 1973, 1978, 1984 por *Sociedad Bíblica Internacional*
Publicado por *Hodder and Stoughton*

Traductor: *Javier Quiñones Ortiz*

ISBN: 0-88113-492-9

Impreso en EE.UU.
Printed in U.S.A.

~CONTENIDO~

~MI HISTORIA~

*C*onocía poco acerca de Dios al convertirme al cristianismo en 1962. Cuando niño no recibí educación cristiana porque era parte de una cuarta generación de incrédulos. Como adulto no pertenecí ni asistí regularmente a una iglesia. A los veintinueve años de edad, era músico de jazz con una carrera prometedora y un matrimonio que se hundía. La razón de mi conversión al cristianismo fue sencilla: mi vida estaba arruinada y se me dijo que una relación personal con Jesucristo ofrecía esperanza para la desesperación. Sin duda mi conversión no fue resultado de una investigación intelectual sincera de los misterios de Dios.

Carol, mi esposa, también le entregó la vida a Cristo en 1962. Como madre joven con tres niños y otro en camino, tenía que lidiar con mi desordenada manera de vivir y su propio atormentador sentido de culpa por apartarse de su herencia cristiana. Había sido criada en la iglesia y había asistido a escuelas parroquiales. Al igual que yo, recurrió al cristianismo por una necesidad personal profunda; pero su conversión también tenía un componente intelectual. Sus preguntas sobre Dios y Satanás, el cielo y el infierno, la salvación y la condenación, eran muchas y urgentes. Para Carol, las respuestas razonables a esas preguntas eran el fundamento de la fe.

Para nosotros dos el resultado de nuestras conversiones fue el mismo: libertad de la culpa y del temor a la muerte, propósito para la vida, y un matrimonio renovado. También nos sumergimos de inmediato en la evangelización personal. ¡Había tantos que no habían escuchado el evangelio! Familiares, amistades y extraños, cualquiera que estuviera dispuesto a escuchar, escucharon las noticias acerca de Jesucristo de parte de nosotros. Pero pronto se hizo obvio que practicábamos la evangelización de forma diferente, quizá debido a nuestros orígenes distintos.

Para Carol, una presentación lógica y clara del evangelio era central en la tarea evangelística. Deseaba responder a las preguntas (aun cuando las personas no las hacían), dirigiéndose siempre a una base intelectual sólida para la conversión. Yo dependía más de mi intuición, un sistema de dirección espiritual que me decía cuándo las personas estaban listas para rendirle la vida a Cristo. Muchas veces interrumpía las presentaciones de Carol (lo que la consternaba mucho) y le preguntaba a la persona con quien hablábamos si deseaba recibir a Jesucristo en ese momento. Inevitablemente la persona deseaba orar. Mi presuposición fundamental, a diferencia de Carol, era que uno podía comenzar una relación personal con él aunque solo tuviera un poco de información sobre Cristo. Yo creía que la evangelización no requería transmitir mucha información sobre Cristo. Pero me sentía incómodo respecto a cuánto conocimiento hacía falta para la fe en Cristo, y por qué algunas personas requerían tan poco mientras que a otras les hacía falta más.

La conversión de C.S. Lewis capta la interacción, y el misterio, entre la fe y la razón en el proceso de conversión. Criado en la iglesia Anglicana de Irlanda, Lewis no tenía nada más que una fe nominal. Para cuando fue confirmado a los dieciséis años de edad se consideraba ateo, y asistía a la iglesia solo para complacer a su padre. Cuando niño su tutoría en la escuela estuvo a cargo del renombrado dialéctico W.T. Kirkpatrick. Este era un ateo que instruyó a Lewis para que fuera victorioso en sus presentaciones y siempre insistió en la precisión de los términos y la claridad de la lógica en sus argumentos.

Luego de servir en el ejército durante la Primera Guerra Mundial y de completar su educación en Oxford, Lewis fue elegido para dar clases de inglés y de literatura inglesa en el Magdalen College, Oxford, cargo que desempeñó durante los próximos treinta años. Fue en Oxford que Lewis se relacionó con intelectuales cristianos como Nevill Coghill, J.R.R. Tolkien y Owen Barfield. Luego ellos, junto con el novelista Charles Williams, formarían la médula de los *Inklings*, un grupo de eruditos de Oxford que se reunía semanalmente para leer sus escritos en voz alta y analizarlos. Mediante el silencioso testimonio de los futuros miembros del grupo *Inklings* y la influencia de sus lecturas propias («Un joven que desea seguir siendo ateo no puede ser demasiado cuidadoso con sus lecturas», escribió luego), Lewis se fue acercando lentamente al cristianismo.

En 1929, a los treinta y dos años de edad, se convirtió a la creencia en un Dios personal. Luego escribió: «Los agnósticos amistosos hablan alegremente sobre "la búsqueda humana de Dios". Para mí, como era en aquel entonces, más bien pudieron haber estado hablando sobre el ratón buscando al gato».

Aunque creía en Dios, por un tiempo Lewis luchó con las afirmaciones de Jesús y el evangelio. Dos años después, al dirigirse a un zoológico local en el sidecar de la motocicleta de su hermano Warren, se completó su conversión a Cristo. No fue una conversión espectacular: lo único que pudo decir luego fue: «Cuando salimos no creía que Jesucristo es el Hijo de Dios, y cuando llegamos al zoológico sí creía».

He descrito la conversión de C.S. Lewis para recalcar un punto: después de todos los años de duda y búsqueda, debate y lectura, sin ninguna razón aparente, en el sidecar de una motocicleta, creyó en Cristo. Su búsqueda había sido importante, pero a fin de cuentas no hizo falta nada más que un paseo en motocicleta con su hermano para completar su conversión. Había llegado su momento para la fe.

Como pastor, a fines de la década de los años sesenta y principios de la década de los setenta, continué sintiendo tensión entre los aspectos intelectuales e intuitivos de la tarea evangelística. Entonces, en 1974, poco después de unirme al personal del Instituto de Evangelización y Crecimiento de Iglesia Charles E. Fuller en Pasadena, California, me enteré de la «Escala de Engel», un modelo que describe las diversas etapas en el pensamiento (desde poco hasta mucho conocimiento) y las actitudes (de hostil a respondiente) por las que frecuentemente pasan las personas en la conversión. Esto fue algo crucial para mí, porque la investigación de James F. Engel demostró que en casi todas las sociedades siempre hay un grupo de personas que están al borde de convertirse al cristianismo, y su disposición a hacerlo implica tanto factores intelectuales como los referentes a las actitudes. Además, el doctor Engel aseveró que el tipo de evangelización más eficaz procura alcanzar a ese grupo. C.S. Lewis, al salir en su viaje en motocicleta hacia el zoológico, estaba al borde, listo para la cosecha. Como joven cristiano yo tenía el don de identificar miembros de ese grupo abierto y dirigirlos a entregarse a Cristo. La Escala de Engel me ayudó a entender quiénes eran estas personas y por qué dirigirse solo a su inteligencia no era el modo más eficaz de evangelizarlos.

Así que Carol y yo teníamos razón. Para una evangelización eficaz, debe estar presente el mensaje, el contenido del evangelio: «Así que la fe es por el oír, y el oír, por la palabra de Dios» (Romanos 10.17). Y también se debe hacer en el momento indicado; la persona debe estar preparada para la cosecha. Entre la mayoría de los evangélicos occidentales, lo intelectual muchas veces se recalca hasta el punto de excluir lo intuitivo.

Además, durante ese tiempo se me presentaron los escritos de C. Peter Wagner sobre las metas de la evangelización personal. El doctor Wagner señala que con demasiada frecuencia la meta de los evangélicos occidentales es sencillamente ayudar a las personas a tomar una decisión de seguir a Cristo, mientras que el pasaje de la gran comisión en Mateo 28.19-20 nos llama a discipular, a formar cristianos que no solo creen sino que también están preparados y viven conforme a los requisitos del evangelio. Eso confirmó mi sospecha de que muchos evangélicos hacen énfasis en los aspectos intelectuales del evangelio, lo que a menudo lleva a una confusión entre el asentimiento intelectual (conocer *acerca* de Cristo) y la fe misma, y entre una manera correcta de pensar y una correcta manera de vivir.

No estamos tratando de menospreciar la importancia de la mente cristiana y la buena teología. Una tarea principal de la evangelización es la proclamación atrevida del evangelio, una presentación clara y precisa de la muerte, sepultura y resurrección de Cristo. Pero para que este mensaje se escuche y se comprenda debe haber algo más que difusión de información. El doctor Wagner llama al discipulado el resultado de la evangelización de convicción. Muy entrado en los años setenta estaba todavía confundido respecto a cuán constante tenía que ser en la práctica de la evangelización de convicción, evangelización que produce no solo decisiones sino también discípulos de Cristo. Hacía falta otro elemento. Faltaba algo que pudiera servir de catalítico para la evangelización personal.

Entonces se me presentó otro de los libros del doctor Wagner, *Look Out! The Pentecostals Are Coming* [¡Cuidado! Ahí vienen los pentecostales]. Siempre había evitado a los cristianos pentecostales y carismáticos, en parte porque me parecía que muchas veces sus ministerios estaban rodeados de división y controversia. Además, mi evaluación sobre sus ministerios estaba coloreada por la presuposición de que los dones carismáticos como las lenguas, la profecía y la sanidad no eran para hoy. (Como dispensacionalista, creía que los dones carismáticos habían cesado a fines del primer siglo). Pero en el doctor Wagner había hallado un testigo confiable, un misionero experimentado y decano en la Escuela de Misiones del Seminario Teológico Fuller, que escribió que la sanidad y la liberación de los espíritus malvados sucedía hoy día en América del Sur. Además, probó que estos encuentros milagrosos resultaron en grandes cosechas evangelísticas y en crecimiento de iglesia. Su libro me obligó a reconsiderar mi posición sobre los dones carismáticos, aunque aún era escéptico en cuanto a su validez contemporánea.

Con esa nueva disposición, leí libros de Donald Gee (un pentecostal inglés que escribió *Concerning Spiritual Gifts* [Sobre los dones espirituales]) y Morton Kelsey *Healing and Christianity* [La sanidad y el cristianismo] sobre los dones carismáticos. Sus escritos, combinados con testimonios oculares sobre lo milagroso de estudiantes del Tercer Mundo en la Escuela de Misiones en el Seminario Teológico Fuller, me abrieron un nuevo entendimiento en cuanto a la función del Espíritu Santo en la evangelización. Aunque no aceptaba todo lo que Gee y Kelsey escribieron (y todavía no acepto), tuve que volver a considerar gran parte de lo que se me había enseñado en cuanto a los dones carismáticos.

También reconsideré mis experiencias en la evangelización personal. Lentamente comencé a percatarme de mi capacidad para reconocer las preocupaciones de las personas y cuándo estaban listas para convertirse a Cristo, lo que anteriormente veía como simples conocimientos sicológicos, posiblemente eran dones espirituales como una palabra de conocimiento o una palabra de sabiduría. Me pregunté, ¿acaso experimenté por años esos dones espirituales en mis esfuerzos de evangelización?

Mientras investigué los Evangelios para aprender más sobre los dones, descubrí otro punto significativo: Jesús siempre combinó la proclamación del Reino de Dios con su demostración (expulsar demonios, sanar a los enfermos, levantar a los muertos, y así por el estilo). Los dones espirituales adquirieron nuevo significado para mí. La Biblia indicaba que verificaban el evangelio, que llamaban la atención a las buenas nuevas de Jesucristo y que cortaban la resistencia de las personas. Con razón Jesús fue tan eficiente en la evangelización.

Para 1977 mi pensamiento respecto a la evangelización personal se había alterado significativamente. Una vez que acepté el hecho de que todos los dones espirituales son para la actualidad, encontré una nueva clave para la evangelización eficaz: combinar la proclamación con la demostración del evangelio. (En realidad, es preciso decir que mi búsqueda de una evangelización más eficaz llevó en parte a los dones espirituales). Observé que en lugar de reducir la proclamación del evangelio, los dones, al practicarse correctamente, les permitían a las personas un entendimiento y una práctica más clara del cristianismo.

Hay un poder y una eficacia fuera de lo común en esa forma de evangelización, y por eso la llamo «evangelización poderosa».

Aunque mi entendimiento y mi práctica de la evangelización, del Espíritu Santo, y del crecimiento de iglesia sufrían una revolución, todavía me faltaba una teología bíblica que integrara los tres, un punto de referencia para entender cómo deben obrar juntas y cumplir el propósito de Dios en la tierra. Este último elemento, una teología evangélica sólida, es el fundamento sobre el cual debe apoyarse toda práctica. Ya conocía bien los escritos de George Eldon Ladd (que fue profesor del Seminario Teológico Fuller), pero no fue hasta que leí su libro *Jesus and the Kingdom* [Jesucristo y el Reino] que me percaté de cómo su obra sobre el Reino de Dios formaba una base teológica para la evangelización poderosa. A medida que leí las obras del doctor Ladd, y leí de nuevo los relatos evangélicos, me convencí de que la evangelización poderosa era para hoy.

No creo que basta con que los cristianos reunamos información, entendamos nuevos hechos, y ni siquiera que pensemos de manera diferente en cuanto a lo sobrenatural en la Biblia, si no afecta la forma en que vivimos. En la médula de mi ser soy activista. En cuanto a la evangelización poderosa, eso implicaba que tenía que probar en el campo mi recién adquirida teología, salir al mundo y ver si lo que creía que enseñaba la Biblia realmente daba resultado en la sociedad occidental. Así que en 1978 salí del Instituto de Evangelización y Crecimiento de Iglesia Charles Fuller para convertirme en pastor de lo que ahora se llama Vineyard Christian Fellowship en Anaheim, California. Fue en ese ambiente, un pequeño grupo de cincuenta personas, que probé por vez primera mis teorías de la evangelización poderosa. Hoy ese pequeño grupo ha llegado a ser un movimiento de 40.000 personas en 140 congregaciones de los Estados Unidos y Canadá. Muchas de las experiencias descritas en las siguientes páginas se derivan de estas congregaciones.

Aunque escribo sobre la evangelización poderosa, la evangelización más poderosa solamente vendrá cuando se cumpla la oración de Jesús sobre la unidad cristiana: «Yo en ellos, y tú en mí, para que sean perfectos en unidad, para que el mundo conozca que tú me enviaste, y que los has amado a ellos como también a mí me has amado» (Juan 17.23). Le pido a Dios que lo que escribo sobre la evangelización poderosa contribuya a esa unidad.

~INTRODUCCIÓN A
LA EDICIÓN REVISADA~

*C*uando escribimos *Evangelización de poder jamás nos imaginamos* que generaría tanta influencia y tantas ventas. Frases en el libro como «encuentro de poder», «cita divina», «señales y maravillas» y «evangelización poderosa», ahora son comunes y corrientes entre los cristianos de varias tradiciones. Las ventas mundiales de *Evangelización poderosa* actualmente se acercan a las 250.000, y continúan creciendo. El libro se ha publicado por lo menos en doce idiomas.

Sin embargo, *Evangelización poderosa*, ha producido algo más que ventas y popularidad. Se han escrito incontables entrevistas y libros en que se defienden o atacan sus ideas. Los institutos bíblicos y los seminarios han auspiciado simposios teológicos para debatir sobre las ventajas y las desventajas de la evangelización poderosa. Los teólogos y los pastores han vilipendiado o fomentado lo que aun nosotros reconocemos que son conceptos radicales, aunque nada novedosos, que rodean la tarea de la evangelización.

Debido a toda esa atención, el año pasado decidimos echarle otro vistazo al libro. *Evangelización poderosa* fue publicado originalmente en Inglaterra en 1985. Realmente lo escribimos en 1984, basándonos en notas desarrolladas en un curso que enseñé junto con C. Peter Wagner a comienzos de la década de los años ochenta en el Seminario Teológico Fuller en Pasadena, California. Creímos que una segunda edición sería útil para el lector por varias razones.

En primer lugar, ya que *Evangelización poderosa* fue nuestro primer libro, creímos que había secciones que hacía falta escribir de nuevo para aclararlas más y facilitar la lectura. Esto era cierto particularmente en el capítulo sobre la manera de entender al mundo. Tampoco estábamos satisfechos con el formato del libro, así que lo reorganizamos en secciones y capítulos más pequeños.

Este último cambio hizo que el libro fuera más compatible con una Guía de Estudio, que hemos incluido en esta nueva edición. La meta de todos nuestros escritos es motivar y preparar al lector para que realice la obra del Reino, sea oración, estudio bíblico, orar por los enfermos, alimentar a los pobres, o evangelizar a los perdidos. ¡La Guía de Estudio le ayudará a salir a las calles y comunicar las buenas nuevas de la salvación en Cristo!

También sentimos la necesidad de poner al día las estadísticas y las ilustraciones en el libro. Las tendencias entre los cristianos a través de todo el mundo desde comienzos de los años ochenta han apoyado mucho las ideas clave en *Evangelización poderosa*.

Algunos lectores se percatarán de que hemos abandonado material de la primera edición. Hicimos eso porque no estábamos satisfechos con la *forma* en que comunicamos nuestros pensamientos. Por ejemplo, eliminamos por completo una sección en la que comparábamos la evangelización poderosa con la evangelización programática. En la primera edición dejamos al lector con la impresión de que estábamos criticando todo la evangelización programática. En realidad, creemos en la evangelización programática y lo practicamos, como lo ilustra la Guía de Estudio en esta edición.

También eliminamos los capítulos en los que analizamos las tres oleadas del Espíritu Santo en este siglo. Hemos escrito extensivamente acerca de esos asuntos en otras partes, y ahora la Tercera Oleada es un hecho histórico aceptado por casi todos los cristianos, incluso por aquellos que no están de acuerdo con lo que se quiere indicar con eso.

Por último, en respuesta a algunas críticas válidas, hemos añadido varias secciones nuevas o hemos desarrollado más algunos de nuestros puntos clave. Por ejemplo, se percatará de que hay más énfasis en la centralidad de la cruz que en la proclamación del evangelio. Y hemos incluido un análisis más detallado de la teoría de la suspensión de los dones espirituales (véase el Apéndice C).

Todos estos cambios significan que la nueva edición es una versión mejorada de lo que se publicó en 1985. Este verdaderamente es un libro nuevo. Oramos que mediante su lectura experimente un deseo renovado de difundir el evangelio.

JOHN WIMBER
KEVIN SPRINGER
Yorba Linda, California
Enero de 1992

~CÓMO USAR LA GUÍA DE ESTUDIO~

*L*a evangelización personal eficaz no es producto de la casualidad. Para tener éxito hace falta entendimiento, buenos ejemplos y la práctica personal. En otras palabras, la evangelización es un arte aprendido.

Cuando Jesús llamó por vez primera a los discípulos les dijo: «Venid en pos de mí, y os haré pescadores de hombres» (Mateo 4.19). Los pescadores que tienen éxito son planificadores cuidadosos. Sus acciones son premeditadas, basadas en estudio cuidadoso, experiencia, y las respuestas a preguntas sencillas:

- ¿Qué tipo de pescado procuramos? Eso determina dónde pescarán y el tipo de carnada.
- ¿Qué tamaño de pez pescaremos? Eso determina la fortaleza del hilo de pescar que haga falta.
- ¿Qué licencia hace falta? Uno no puede quedarse con peces pescados ilegalmente.
- ¿Dónde vamos a pescar? Los pescadores que tienen éxito dependen de mapas precisos y guías experimentados para encontrar los mejores lugares.

No hay nada fortuito en la pesca de éxito. Lo mismo es cierto en cuanto a la evangelización fructífera. Nos hace falta conocer la clase de persona que estamos alcanzando, la manera más apropiada para hablarles, nuestra autoridad espiritual, y la dirección divina. La Guía de Estudio le ayudará a crecer en todas esos aspectos.

Jesús también comparó la evangelización con la agricultura (Mateo 13.3-43). Los agricultores trabajan con distintas clases de semillas y terrenos, fertilizantes y métodos de irrigación. Deben prestarle mucha atención al clima, sembrando y cosechando justo en el momento indicado. Y deben ser pacientes, reconociendo su dependencia del tiempo y de la gracia de Dios para los frutos.

El agricultor sabio no deja mucho al azar, y el cristiano sabio debe hacer lo mismo al esparcir la semilla del Reino de Dios en el mundo. Mi propósito, entonces, es prepararlos para que sean pescadores eficientes de mujeres y hombres, para que sean sabios cosechadores de almas.

Al final de cada sección de este libro encontrará un proyecto diseñado para grupos pequeños, aunque las personas inspiradas y ansiosas podrán adaptar el material para el estudio personal. Estoy pensando en distintos tipos de grupos pequeños: clases de Escuela Dominical, estudios bíblicos interdenominacionales, reuniones de comunión, grupos carismáticos de oración y equipos de culto.

Tengo varios objetivos para los grupos pequeños que usen la Guía de Estudio. En primer lugar, es una ayuda para el estudio individual, ayudando a señalar asuntos clave presentados en *Evangelización poderosa* y para estimular el pensamiento y la oración. En segundo lugar, es una guía para el debate en grupo y los ejercicios en grupo relacionados con asuntos clave que aparecen en el libro. Un resultado de ese debate es la inspiración y la motivación para la evangelización poderosa. En tercer lugar, es un manual mediante el cual los participantes pueden aprender cómo dirigir a otros a la fe en Cristo.

Para alcanzar estos tres objetivos he desarrollado siete sesiones, correspondientes a las siete secciones del libro. Las declaraciones de propósito al comienzo de cada sesión informan al participante qué debe esperar aprender. Preste mucha atención a esas declaraciones; las he preparado cuidadosamente. Por lo general el objetivo tiene dos partes: entender algún tema (como las citas divinas o las cosmovisiones) y aprender una destreza nueva (cómo aprender a iniciar una conversación con un desconocido).

Las siete sesiones se tratan con más eficiencia en intervalos semanales. Eso da suficiente tiempo para leer y meditar en los cuatro o cinco capítulos breves en cada una de las secciones del libro. Reuniones más frecuentes negarán el crucial estudio individual, la oración, y el tiempo de práctica; reuniones menos frecuentes frustrarán y desanimarán a los que están ansiosos por comunicarle su fe a los demás.

Recomiendo que las reuniones siempre comiencen con adoración y oración. Un resultado de la adoración es un ambiente propicio para el aprendizaje, corazones abiertos al Espíritu Santo, y fe para comunicar el evangelio. No deseo y no me toca dictar un estilo particular de adoración para su grupo; eso se determina mejor mediante su tradición particular. Dios ve y reconoce la actitud de su corazón, esa disposición interna de entrega y gratitud que podría expresarse en canto exuberante, oración contemplativa, liturgia fiel. Por lo general un grupo pequeño de oración y adoración funciona bien cuando un músico preparado (que toque piano o guitarra) dirige al grupo en el canto. Independientemente de su estilo de adoración, lo animamos a que invite al Espíritu Santo a estar entre ustedes, que les enseñe, y que libere su amor y poder en ustedes durante la reunión.

La segunda parte de la reunión es por lo general un debate, que en las primeras reuniones se basa en las primeras preguntas en la Guía de Estudio. Luego el debate se enfocará en su experiencia en la evangelización personal. Al escribir las preguntas, tuvimos presente el proverbio persa: «Es más difícil hacer una pregunta sensata que dar una respuesta sensata». Creemos que las «preguntas sensatas» para los fines de grupos pequeños solamente son medios para comenzar los debates, y tienen el propósito de provocar otras preguntas relacionadas con cada tema. Muchas preguntas dirigen a los participantes hacia el libro, obligándolos a repasar cuidadosamente las secciones clave.

Un ingrediente clave para un debate de éxito es un líder dotado, una persona que, sin dominar el debate, les saque lo mejor a todos. No creo que el líder deba ser un gran maestro o un evangelista completamente maduro con todas las respuestas. Otro factor en los debates fructíferos es que cada participante repase las preguntas antes de cada sesión para que pueda contribuir con ideas bien pensadas.

La última parte de la reunión es oración para practicar durante la semana lo que se analizó en la reunión. La cualidad más importante para un grupo pequeño de éxito es la disposición de los participantes a arriesgarse, a salir con fe y a depender de la dirección del Espíritu y hablarles de Cristo a las personas.

Para muchas personas la evangelización personal es bastante amenazante, hasta aterrador. No se alarme por eso. Si viene con un corazón abierto y una disposición de arriesgarse un poco, tendrá una medida de éxito. Todo eso lleva tiempo. A través de las siete sesiones crecerá en confianza, y muchos de ustedes verán amistades y familiares llegar a la fe salvadora en Cristo.

Mi esperanza es que esta Guía de Estudio le inspire a dar a conocer el evangelio. Si como resultado de este estudio una sola persona se salva mediante usted, habrá cumplido su propósito.

PRIMERA PARTE

El Reino ha llegado

UNO

Una experiencia poderosa

*E*n el verano de 1967, Scott *(ese no es su verdadero nombre)*, un amigo mío, asistió a un retiro de estudiantes en Arrowhead Springs, California, la sede de la Cruzada Estudiantil Internacional para Cristo. Cuando tenía diecinueve años y estudiaba en la UCLA [Universidad de California en Los Ángeles], ya había sido un cristiano consagrado durante cinco años; pero hacía poco que su vida espiritual se había estancado. Buscaba más de parte de Dios, algo que fortaleciera su vida y le diera un propósito más claro.

Arrowhead Springs está enclavado en las montañas sobre la ciudad de San Bernardino. Durante una época anterior era un antiguo balneario de salud frecuentado por las estrellas de Hollywood; se dice que Greta Garbo y Clark Gable buscaron «la cura» en las cálidas cavernas, cubiertas de azufre, muy por debajo del edificio principal del hotel. Quizá, creyó Scott, encontraría una cura espiritual durante esa conferencia de una semana.

Al llegar descubrió que dormiría en el sótano del hotel en un catre. Las instalaciones estaban repletas de estudiantes de los Estados Unidos y Canadá; no sería un fin de semana tipo Hollywood. Pero eso le venía bien. Creó un ambiente de entusiasmo y expectativa. Si todos esos estudiantes habían venido de cientos y hasta miles de kilómetros, ¡seguramente Dios se aparecería!

El tema de la conferencia era la evangelización personal. Hacia el final de la semana los estudiantes serían transportados en autobuses a las playas locales donde, de dos en dos, practicarían lo que se les había enseñado: que podían evangelizar a extraños.

Scott se sentía ansioso ya que había sido criado en las playas del sur de California y temía encuentros vergonzosos con antiguos amigos con quienes practicaba *surfing*. Además, la idea de confrontar extraños con una presentación planificada se hizo más aterradora a medida que avanzaba la semana. Al menos pronto descubrió que no iban a ir a su playa local.

La noche antes de salir, el doctor William Bright, presidente de Cruzada Estudiantil, presentó una sesión de enseñanza sobre el Espíritu Santo. Sus puntos fueron muy sencillos: no podemos vivir la vida cristiana de forma exitosa por nuestras propias fuerzas; el Padre ha enviado al Espíritu Santo para fortalecernos; en la Biblia se nos ordena que seamos «llenos del Espíritu Santo».

Por años a Scott se le había enseñado que no se concentrara en el Espíritu Santo para que no debilitara su relación con Cristo o cayera en el exceso de los pentecostales. Eso podía ser peligroso, y posiblemente podía llevar al engaño diabólico, y hasta a hablar en lenguas. Además, escuchó muchas veces decir que nuestro propósito principal debía ser cumplir la gran comisión. El énfasis en el Espíritu Santo podría distraernos de esa importante tarea.

Pero la charla del doctor Bright conmovió profundamente a Scott, aliviando muchos de sus temores. El doctor Bright dijo que solamente mediante el poder del Espíritu Santo podíamos cumplir la gran comisión. (Era una de las pocas sesiones pedagógicas positivas que Scott había escuchado sobre la tercera persona de la Trinidad). «Quizás esta sea la clave para la renovación que busco», pensó Scott.

Esa noche Scott casi no durmió, despertándose a cada rato y pensando sobre las palabras del doctor Bright. Ya para la una de la madrugada estaba desvelado, mirando el enredo de pipas y tubos eléctricos sobre él, sintiendo a Dios llamándolo para que le abriera su corazón completamente al Espíritu Santo. Así que se se levantó de la cama, se vistió y encontró un lugar tranquilo debajo de una palmera solitaria en los terrenos del hotel, cerca de una piscina iluminada.

Aunque no sabía qué sucedería, su sed de Dios lo motivó a orar. «Espíritu Santo, he vivido demasiado tiempo por esfuerzo propio. Ahora te cedo cada parte de mi vida. Ven y lléname».

Lo que sucedió después superó todo lo que se le enseñó a Scott sobre cómo actúa Dios. En primer lugar, sintió un empuje de poder sobre su cuerpo, una sensación cálida que jamás había experimentado. Con ese empuje vino una paz y una motivación de adorar a Dios. Al comenzar a adorarlo pronto comenzó a hablar en lenguas, aunque inicialmente no estaba seguro de qué era. Luego de orar y adorar por una hora, abrió su Biblia y comenzó a leer... y leer... y leer hasta muy avanzada la noche. La Biblia cobró vida; la Palabra misma de Dios saltaba de las páginas.

Al día siguiente, sabiendo que los miembros del personal no sentían simpatía por las señales carismáticas, no le contó a nadie la experiencia. «¿Fue real?» se preguntó. Tenía que ser. Era una persona diferente, aunque confundida en cuanto al significado de lo sucedido. A medida que se acercaba el momento de salir para las playas, se percató de que el evangelio ardía en su corazón, presionando cada parte de su ser con una urgencia de hablarles a los demás acerca de Jesucristo.

Scott se subió al autobús sin temor, aunque todavía no deseaba hablarles a los extraños. Pero ahora sintió que su experiencia la noche anterior le ayudaría en las playas.

Jim, su compañero, estudiante en la Universidad de Carolina del Norte, estaba ansioso. Scott sabía que el Espíritu Santo le estaba diciendo que asumiera el liderazgo en la playa. Oró silenciosamente mientras el autobús curveaba por las autopistas que llevaban a Newport Beach.

Newport Beach es como muchas playas del sur de California: arena cubierta de millares de jóvenes reunidos alrededor de radios ruidosos, contando los últimos chismes, haciendo chistes y viendo pasar a los demás jóvenes o muchachas. A esa masa de carne aceitosa que se bronceaba al sol salieron las escuadras de Dios.

Scott y Jim se acercaron primero a dos adolescentes hispanos, preguntándoles si no les molestaba participar en una encuesta religiosa (la encuesta era parte del programa de evangelización, una manera de comenzar una conversación con extraños). Pronto estaban hablando sobre Jesucristo. Dos muchachas se unieron a la conversación, entonces otros tres jóvenes. Scott le estaba hablando a los adolescentes sobre sus pecados y la gracia de Dios. Mientras hablaba recibió conocimientos sobre los adolescentes que dieron en el blanco: pecados sexuales, problemas con los padres, problemas en la escuela. Habló, conociendo sobrenaturalmente cuáles eran sus principales necesidades, con autoridad sobre el amor de Dios y la justicia de manera tal que sus corazones se abrieron. Jim estaba a su lado, asombrado.

En menos de treinta minutos varios de los adolescentes ya estaban llorando, arrodillándose, arrepintiéndose de sus pecados y acudiendo a Cristo. Antes que terminara el día, al menos una docena de jóvenes se habían entregado a Cristo. En varias ocasiones los estudiantes que inicialmente se unieron a la conversación solamente para burlarse y ridiculizar a Scott terminaron sobre sus rostros, llorando, temblando, y arrepintiéndose.

Scott proclamó el evangelio con una autoridad fuera de lo común. Sus palabras y acciones fueron tan convincentes que un grupo de adolescentes antagonistas de una cultura diferente se convirtió. Había *poder* en su proclamación y demostración. Luego en el libro voy a examinar más detalladamente cómo estos conocimientos sobrenaturales sobre sus vidas afectó su testimonio. Pero primero, en el resto de esta sección, voy a presentarle la fuente definitiva de «poder» en la evangelización poderosa: el Reino de Dios.

~DOS~

El Reino de Dios

*S*cott *predicó buenas noticias a su público adolescente: que Dios* ha provisto perdón de pecados y vida eterna a través de la vida, muerte y resurrección de Jesucristo (1 Co 15.3-8). El evangelio mismo, dijo Pablo, «es el poder de Dios para todo aquel que cree» (Romanos 1.16). Pero ¿cómo puede un mensaje contener tanto poder? La respuesta está en lo que significa la salvación: la llegada del Reino de Dios.

La buena noticia que Jesús proclamó fue el evangelio del Reino de Dios. Marcos resume la predicación de Jesús al comienzo de su ministerio público con la frase: «El tiempo ha llegado». «El Reino de Dios está cerca. ¡Arrepentíos y creed el evangelio!» (Marcos 1.15). Por lo tanto el corazón del mensaje de Jesús era tanto la proclamación de la obra de Dios «El Reino... está cerca», como la demanda de una respuesta de parte de todos los que escuchaban «arrepentíos y creed...»

Jesús estaba diciéndoles a sus oyentes que la promesa de su Padre al padre de ellos, Abraham, estaba a punto de cumplirse:

> Y haré de ti una nación grande,
> y te bendeciré,
> y engrandeceré tu nombre,
> y serás bendición.

> Bendeciré a los que te bendijeren,
> y a los que te maldijeren maldeciré;
> y serán benditas en ti
> todas las familias de la tierra.

(Génesis 12.2-3)

Jesús proclamaba nada menos que la esperanza de la salvación de Israel, que Dios venía a redimirlos, bendecirlos y establecer su Reino sobre toda la tierra. Esta salvación se resumía en la idea de que «el Reino de Dios» estaba cerca. Durante el transcurso de su ministerio público, Jesús demostró que el Reino de Dios estaba cerca sanando a los enfermos, expulsando demonios y levantando a los muertos. Cada acto milagroso tenía un propósito: confrontar al pueblo con su mensaje de que *en Él* el Reino había llegado, y de que tenían que aceptarlo o rechazarlo.

A pesar de las diferentes ideas en cuanto a la forma que tendría la esperanza de salvación (en tiempos de Cristo había muchas interpretaciones), todos los judíos esperaban ansiosamente un día de salvación, un tiempo de cumplimiento. Pero ¿qué quería decir «Reino de Dios» para Jesús y sus oyentes? ¿De dónde procedía el término? Mediante las parábolas y sus interpretaciones (por lo regular ofrecidas en privado a los discípulos), Cristo transformó el entendimiento común acerca del Reino de Dios que imperaba en aquellos días.

La mayoría de los judíos del primer siglo sostenían uno de dos entendimientos populares sobre el Reino de Dios. El primero venía de los profetas del Antiguo Testamento. Ellos enseñaron que vendría un día («el Día del Señor») cuando Dios vendría y restauraría a su pueblo, Israel, como entidad política y geográficamente unida. La salvación indicaba volver a ser una sola nación judía fuerte, como en los días del Rey David (véase Is 11). No era un reino espiritual o extraterrestre; era el sueño del nacionalismo judío. Esto parece ser lo que los judíos en general esperaban durante el tiempo de Cristo, y cómo le entendieron cuando habló sobre el Reino. Juan 6.15 apoya esto claramente. El pueblo deseaba hacer a Jesús Rey de Israel a la fuerza. Hasta los discípulos, luego de estar con él por años, anhelaban la restauración de Israel (Hechos 1.6).

Este no era el único entendimiento aceptado popularmente sobre el Reino de Dios en tiempos de Cristo. Durante el período intertestamentario (aproximadamente 200 a.C. hasta la era del Nuevo Testamento), el tiempo en el cual se escribió la literatura apocalíptica, el término «Reino de Dios» se usó ampliamente. Los escritores apocalípticos predijeron un final de la era presente, tras la cual Dios crearía un mundo nuevo en el cual toda maldad, demonios, enfermedad y muerte serían derrotados.[1]

Jesús sostenía parcialmente ambos puntos de vista. Utilizó términos del Antiguo Testamento así como del período intertestamentario como «Reino de Dios» y «eras», edificando sobre sus significados populares y transformándolos, para explicar por qué vino. Por ejemplo, al explicar la parábola del trigo y la cizaña, Jesús usó términos como «los hijos del reino», «los hijos del malo», «el fin de la era», y «los justos resplandecerán como el sol en el Reino de su Padre» (Mateo 13.36-43; vea también 1 Co 2.6: Gl 1.4). Les enseñó a los discípulos que, como los profetas del Antiguo Testamento, él también veía un día inminente de juicio para las naciones, y el Hijo del Hombre como Juez. Y como los escritores apocalípticos, también esperaba un final repentino de la era presente, y su reemplazo por una era futura, «el Reino [del] Padre».

George Ladd resume la enseñanza espiritual sobre las dos eras con estas palabras:

> En breve, esta era, que se extiende desde la creación hasta el día del Señor... es la era de la existencia humana en debilidad y mortalidad, de maldad, pecado y muerte. La Era por venir verá la realización de todo lo que significa el Reino de Dios, y será una era de resurrección a la vida eterna en el Reino de Dios. Todo en los Evangelios indica la idea de que la vida en el Reino de Dios en la Era por venir será vida en la tierra, pero la vida transformada por el dominio monárquico de Dios cuando su pueblo entre a la medida plena de las bendiciones divinas. (Mateo 19.28)[2]

El diagrama de la página siguiente, adaptado de la obra de Ladd,[3] nos ayuda a visualizar los aspectos presentes y futuros del Reino de Dios:

Fue con este entendimiento que Juan el Bautista hizo su anuncio: «Arrepentíos porque el Reino de los cielos está cerca» (Mateo 3.2). Dios estaba listo para inaugurar la nueva era. Juan anunció que la nueva era pronto llegaría. Luego Jesús dijo: «El Reino está entre vosotros» (Mateo 12.28). Pero ¿de qué manera pudo el reino estar entre ellos?

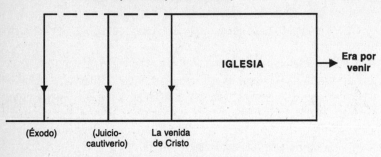

Atrapado entre dos eras

Para entender cómo Jesús pudo encarnar el Reino de Dios, debemos examinar más detenidamente el significado de la palabra «Reino».[1] En el Nuevo Testamento, la palabra griega *basileia* significa «dominio monárquico» o «reinado». Normalmente se traduce «reino». Implica el ejercicio de un dominio monárquico o reinado en lugar de sencillamente un dominio geográfico sobre el cual gobierna el rey. Los occidentales, en gran medida, conciben los reinos en términos de dominios. Por ejemplo, nos imaginamos al Reino Unido como el territorio que cubre las tierras británicas. El concepto bíblico va más allá de la idea de un dominio para enfatizar la de un gobierno dinámico.

Cuando Jesús dijo que el reino o gobierno de Dios había venido *en Él*, quería decir que Dios había venido a reclamar lo que verdaderamente era suyo. La era futura, el Reino de Dios, invadió la era presente, el dominio de Satanás.[2] Jesús no restringió el Reino de Dios a un milenio futuro. Cuando dijo que el Reino de Dios había venido en Él, reclamó la posición de un invasor divino que viene a enderezarlo todo: «El que practica el pecado es del diablo; porque el diablo peca desde el principio. Para esto apareció el Hijo de Dios, para deshacer las obras del diablo» (1 Juan 3.8).

Eso explica la doble función del ministerio de Cristo, repetido por todas partes: primero *proclamación*, luego *demostración*. Primero predicó el arrepentimiento y las buenas nuevas del Reino de Dios. Entonces expulsó demonios, sanó a los enfermos, levantó a los muertos, lo cual verificó que Él era la presencia del reino, el Ungido.

Jesús vino como judío a Israel. Aceptó la autoridad del Antiguo Testamento y esencialmente les sirvió a las «ovejas perdidas de Israel» (Mateo 10.5-7). Primero le ofreció el dominio del reino a los judíos, pero lo rechazaron. Jesús se apenó (Mateo 23.37-39). Sin embargo, aunque Israel *como nación* rechazó a Cristo, un remanente lo aceptó, y estos pocos fueron el fundamento de la iglesia del Nuevo Testamento (Romanos 11.1-24). En el Nuevo Testamento, la Iglesia entra en las bendiciones del pacto de Israel.[3]

* * *

Algunos cristianos, que no entienden con toda claridad la relación entre el Reino de Dios y la Iglesia,[4] los confunden y enseñan que la Iglesia *es* el reino. Eso lleva a errores serios, como considerar que el hecho de ser miembro de una iglesia es igual a tener la salvación final. A medida que lleva a las personas a una unión con Cristo, la Iglesia es un medio para la salvación, pero la Iglesia no es la fuente de la salvación.

El Reino de Dios creó la Iglesia el día de Pentecostés mediante el derramamiento del Espíritu Santo. La Iglesia es la residencia primaria (aunque no exclusiva) del dominio dinámico de Dios. Eso significa que la Iglesia da testimonio del Rey y de su Reino, pero no tiene la autoridad en sí misma para construir el Reino. Solo Dios tiene esa autoridad.

Cuando la Iglesia se confunde con el Reino, los líderes dan por sentado que la autoridad de Dios es coextensiva con el oficio que sostienen, que *son* el dominio de Dios. El autoritarismo y hasta el sectarismo pueden ser el desafortunado resultado de esta manera de pensar. Cuando los líderes pastorales entienden que su autoridad se deriva del Reino de Dios, y que el dominio no es lo mismo que el oficio, no se permite que dirijan por autoridad propia.

La Iglesia también es el instrumento del Reino. Los discípulos no solo proclamaron al Rey y su Reino, sino también demostraron las obras y los milagros del Reino. Jesús le dijo a Pedro que «las puertas del Hades no prevalecerán contra ella [la Iglesia]» (Mateo 16.18). Las «puertas del infierno [Hades]» son las fortalezas de la maldad y la muerte, poderes satánicos que procuran destruirnos (Ef 6.10-12). Como instrumentos de Cristo, batallamos contra estas fortalezas, sustituyendo su dominio con el Reino de Dios.

Teniendo en cuenta eso, Cristo comisionó a los Doce (Mateo 10.5-16), a los setenta y dos (Lucas 10.1-20), y ahora nos comisiona a nosotros (Mateo 28.18-20). Durante los cuarenta días entre su resurrección y su ascensión, Jesús le habló a los apóstoles sobre el Reino de Dios (Hechos 1.3). En Samaria, Felipe «anunciaba el evangelio del Reino de Dios» (Hechos 8.12), y Pedro, Santiago y Pablo mencionan el Reino de Dios en sus cartas.

Cuando Scott salió para la playa y predicó el evangelio del Rey y su Reino, y demostró la presencia de Dios mediante conocimientos sobrenaturales sobre la vida de los adolescentes, introdujo el dominio y la autoridad de Dios. Fue una confrontación entre dos mundos, el de Dios y el de Satanás, y Dios ganó.

Creo que el modo más eficaz de evangelización hoy día tiene en el corazón la proclamación del Rey y su Reino. En el próximo capítulo analizaremos más cuidadosamente el evangelio del Reino.

El evangelio del Reino

La proclamación de un evangelio dañado producirá cristianos dañados, o, en su mejor momento, cristianos débiles. Hoy día eso sucede con demasiada frecuencia. En lugar de un llamado al Rey y su Reino, las personas escuchan un evangelio que enfatiza el yo: venga a Jesús para que se satisfaga esta o aquella necesidad, realícese personalmente, alcance su potencial. Este, sin embargo, no es el costoso evangelio del Reino que proclama Cristo: «Yo soy la resurrección y la vida; el que cree en mí, aunque esté muerto vivirá» (Juan 11.25).

El evangelio del Reino es costoso porque le costó *todo* a Dios: la muerte de su Hijo en la cruz. La muerte de Jesús en la cruz es algo central para todo lo que alcanzó, porque eliminó la barrera de pecado que separa de Dios a los hombres y a las mujeres. Por el amor de Dios por nosotros, sacrificó a su Hijo para que pudiéramos tener vida eterna. «Porque de tal manera amó Dios al mundo que ha dado a su Hijo unigénito» (Juan 3.16).

Para que nosotros alcancemos vida eterna, Jesús *tuvo* que morir para satisfacer la justicia de Dios. Es posible que resulte difícil concebir al Dios de amor como un Dios de ira, pero la Biblia dice que así es (Romanos 1.18). Así que la cruz hace posible que Dios tome en serio nuestro pecado y al mismo tiempo nos extienda su amor. La justicia de Dios exige nuestra muerte como castigo de nuestro pecado, pero su amor desea que seamos salvados del juicio del infierno. En la cruz Dios «manifest[ó] en este tiempo su justicia, a fin de que Él sea el justo, y el que justifica al que es de la fe de Jesús» (Romanos 3.26). El amor de Dios no puede operar aparte de la cruz, porque el perdón no puede venir salvo mediante la cruz.

Dos términos expresan cuánto le costó la cruz a Dios. El primero es *expiación*. Hebreos 2.17 dice que Jesús vino «para expiar los pecados del pueblo». La palabra «expiación» significa «el acto de unir». Señala el proceso mediante el cual Dios nos une a sí mismo. La expiación hace que seamos uno con Dios al poner a un lado la ira de Dios y hacer que se incline favorablemente hacia nosotros. La clave para que Dios aparte la ira es que Cristo singularmente toma nuestro lugar (es nuestro sustituto, Juan 11.50; 1 Timoteo 2.6), soportando la ira de Dios por nosotros. Jesús también nos representa en la cruz (2 Co 5.14), así que al identificarnos con Él, se nos aplican los beneficios de su muerte.

Para los cristianos judíos del primer siglo «expiación» recordaba los ritos de sacrificio cruento en el Antiguo Testamento. Cuando se decía que Cristo expía nuestros pecados, ellos lo veían como un sacrificio cruento que eliminaba el pecado. Cuando se dice que Jesús murió «en favor de» seres humanos, o cuando Hebreos 7.27 describe a Jesucristo como Sumo Sacerdote que se inmola, ese es el lenguaje de la expiación. El concepto es que en lugar de que muera un pecador por sus pecados, se ofrece un sustituto (por lo regular un animal) que muere en su lugar. La sangre derramada representa la vida sacrificada y se convierte en un símbolo de todos los beneficios del sacrificio.

El segundo término que capta el costo de la cruz es *justificación*. Este es un término jurídico que significa «eximir» o «declarar justo». Es lo opuesto a la condenación. La justificación se refiere a la acción de acreditar la justicia de Dios a nosotros. Pablo dice: «Así Abraham creyó a Dios, y le fue contado por justicia» (Gálatas 3.6). En otra parte dice: «Al que no conoció pecado, por nosotros lo hizo pecado, para que nosotros fuésemos hechos justicia de Dios en Él» (2 Corintios 5.21). Cuando ponemos nuestra fe en Cristo (véase Hechos 10.43) llegamos a identificarnos tan de cerca con Él que se nos acredita su justicia a nosotros, y se nos declara justos.

Eso se debe a que, en lugar de mirar nuestras obras, que son malas, Dios, al mirarnos, ve la sangre. Romanos 5.9 dice que «hemos sido justificados por su sangre [la de Jesucristo]». En Romanos 6.1-10, Pablo dice que Dios puede declararnos justos porque, mediante la fe en Cristo, hemos muerto al pecado. «Todo el que haya muerto», argumenta en Romanos 6.7, «ha sido librado del pecado». La palabra griega traducida «librar» en este versículo es la palabra para «justificado». Si por la fe nos identificamos con el sacrificio de Cristo en la cruz, somos justificados del pecado y declarado justos.

Dios pagó el alto costo para que la vida eterna esté a nuestra disposición. Pero ¿cuál es nuestra parte? ¿Cómo entramos en una relación eterna con Dios? Entramos mediante la fe en Cristo: «Creed en el Señor Jesucristo, y serás salvo» (Hechos 16.31). A Dios le costó todo, y no hay *nada* que podamos hacer para recibirla, excepto creer. Y hasta creer, dice Pablo, en definitiva es un don de Dios (Ef 2.8). Ninguna cantidad de esfuerzo o buenas intenciones nos acercará un centímetro al cielo.

✳   ✳   ✳

Sin embargo, nada de eso implica que la vida cristiana sea un lecho de rosas. Una vez que confiamos en Cristo, entramos en una feroz batalla espiritual. Muchas veces la vida del Reino es comparada con un crucero por el Caribe o a un viaje de lujo. Las personas se ponen sus vestidos casuales, agarran la crema bronceadora, y salen para los muelles. Qué choque cuando descubren que vivir en el Reino se parece más a alistarse en la marina y a luchar contra un enemigo salvaje.

Por ejemplo, el enemigo no sigue reglas de guerra. Satanás no considera nada injusto; él no es un caballero. Tan pronto como los cristianos entiendan esto, serán más serios en cuanto a prepararse debidamente para el Reino.

Aunque no sigue ninguna regla, sabemos que Satanás ataca en tres frentes: mediante la carne, mediante el mundo, y a través del asalto directo. Ya que uno de los principales intereses de este libro es la batalla contra los asaltos directos de Satanás, solamente haré algunos comentarios sobre los primeros dos, dedicando el resto de la sección al último.[1]

La carne. En la Guerra Civil Española del 1936, el Ejército Leal a Franco derrotó al Ejército Republicano en Madrid. Fue la batalla clave de la guerra y llevó al establecimiento del gobierno de Franco en España. Cuando se le preguntó cuál fue la clave de su victoria, Franco respondió: «La quinta columna». Tenía cuatro columnas de tropas que luchaban abiertamente, y una «quinta columna» de fuerzas leales *dentro* de Madrid que, mediante el sabotaje, debilitaron seriamente al Ejército Republicano.

Nosotros también peleamos contra una quinta columna, «pasiones pecaminosas» que residen en nosotros. Según Pablo, «sé que en mí, esto es, en mi carne, no mora el bien; porque el querer el bien está en mí, pero no el hacerlo» (Romanos 7.18). Al enemigo le encanta explotar y alentar nuestra «quinta columna», el pecado que mora en nuestra carne, mediante la tentación. Pero Dios nos ha dado el poder de andar por la fe y resistir la tentación.

El mundo. El Salmo 137.4 dice: «¿Cómo cantaremos cántico de Jehová en tierra de extraños?» ¿Cómo pueden los cristianos servir en el Reino de Dios mientras aceptan los valores y las maneras de vivir del mundo? No es posible.

Cuando nos veamos como un ejército, el asunto de la disciplina y el cumplimiento de las normas del Reino se hace más crítico que la seguridad personal o la comodidad. A veces un soldado cristiano mira la vida civil y dice: «Esa manera de vivir parece atractiva. Me gusta el brillo del materialismo, la emoción del poder personal, el placer de la inmoralidad sexual, la búsqueda de la satisfacción propia. Esa vida ciertamente es mejor que esta». Cuando eso sucede, se pierde la disciplina, y somos infiltrados y al fin y al cabo terminamos cautivos. Pablo tiene un consejo fuerte acerca de esto: «Ninguno que milita se enreda en los negocios de la vida, a fin de agradar a aquel que lo tomó por soldado» (2 Timoteo 2.4).

Se nos han dado las llaves del Reino, la autoridad y el poder sobre el enemigo, pero si no ejercemos ese poder, no tiene uso alguno. El reino de las tinieblas está organizado para distraernos, para impedir que obedezcamos a Dios. Mediante el brillo del materialismo y el poder, la inmoralidad sexual, y la promesa de la satisfacción propia, Satanás desvía nuestra atención del Reino de Dios.

Comunión con otros cristianos en iglesias locales —las avanzadas del Reino— es una defensa fundamental en contra de ser tomados por el mundo. La oración, el estudio bíblico y las disciplinas espirituales como el ayuno son necesarias no solo a fin de adquirir el poder y el conocimiento de Dios sino también a fin de prepararnos para resistir al mundo.

El diablo. En Juan 10.10 leemos que Satanás tiene objetivos bien definidos: «El ladrón no viene sino para hurtar y matar y destruir...» También observamos que luchamos contra el diablo y sus demonios, no contra hombres y mujeres (Ef 6.12).

Nuestra situación se parece a la de un ejército escondido que vive en una tierra que todavía está ocupada por un enemigo derrotado. Esa fue la función de la resistencia francesa después del Día D durante la Segunda Guerra Mundial. Aunque su derrota era segura, los alemanes todavía podían cometer atrocidades contra los civiles franceses. El arresto y enjuiciamiento de Klaus Barbie en 1984 ilustra cuán bárbaros fueron los actos de los alemanes: sabiendo que no había esperanza de una victoria alemana, de todas maneras Barbie torturó y asesinó a cientos de franceses, incluyendo niños. Se le puso de sobrenombre «el carnicero de Lyon».

Satanás también tiene muchos nombres: Destructor, Engañador, Mentiroso, El carnicero del mundo. En nuestra guerra con Satanás no hay zonas desmilitarizadas. Jamás hay una tregua en la pelea. Nacemos en la lucha, y, a menos que venga el Día del Señor, moriremos en la lucha. Jamás debemos esperar que cese la batalla.

El reino de Satanás era y es el verdadero enemigo de Cristo, y ahora mismo se libra una guerra. Jesús se ocupa del negocio de su Padre, el cual es librar a los cautivos de Satanás. Mediante la muerte de Cristo, la resurrección y su ascensión al lugar de toda autoridad, la diestra del Padre (1 Co 15.20-28), se ha asegurado el resultado final de la batalla. Pero todavía no se ha expulsado a Satanás, y no será expulsado hasta que Cristo vuelva a establecer su Reino para siempre. Así que estamos atrapados entre dos eras. La lucha continúa, y estamos en ella.

Poder y autoridad

*P*ara pelear con eficiencia, debemos entender correctamente el poder y la autoridad en el Reino. En Lucas 9.1-2 leemos: «Habiendo reunido a sus doce discípulos, *les dio poder y autoridad* sobre todos los demonios, y para sanar enfermedades. Y los envió a predicar el Reino de Dios, y a sanar a los enfermos». Les dio poder y autoridad para curar enfermedades y sacar a *todos* los demonios. De acuerdo con Hechos 1.8, el poder tiene que venir del Espíritu Santo. El poder es la capacidad, la fuerza, la energía para completar una tarea dada. La autoridad es el derecho a usar el poder de Dios.

Por ejemplo, un policía de tránsito no tiene el poder físico para detener automóviles. Sin embargo, los detiene porque lleva una placa y un uniforme que le dio una autoridad superior. Jesucristo nos dio una placa y un uniforme. Esos dones llegan a ser eficaces cuando aprendemos a llevarlos y a usarlos correctamente.

En la Biblia, el centurión entendió cómo funcionan la autoridad y el poder (Mateo 8.5-13). Era un hombre bajo la autoridad de unos y con autoridad sobre otros. Sabía cómo recibir y dar órdenes. Después de pedirle a Jesús que sanara a su siervo paralítico, a lo que Jesús respondió «iré y le sanaré», el centurión respondió: «solamente di la palabra, y mi criado sanará». Jesús, «asombrado» por las palabras del centurión, dijo: «De cierto os digo, que ni aun en Israel he hallado tanta fe».

* * *

Nuestra dificultad es que no hemos aprendido a recibir ni a dar órdenes. Practicamos, en gran medida, un cristianismo cosmético porque entendimos mal nuestro llamado inicial a Cristo. Pensamos que la clave para la madurez y el poder es ser «buenos». Entonces nos concentramos en nuestro comportamiento. Pero nuestro comportamiento jamás alcanza las elevadas normas de la justicia de Cristo.

Hice eso durante años. Al concentrarme en mi comportamiento, estaba en constante tumulto, porque mi comportamiento jamás era lo bastante bueno, y rara vez satisfacía las normas de justicia de Dios (o los míos). Al principio creí en Cristo porque no era bueno, pero luego de convertirme en cristiano luché con mi propia fuerza sin ser lo bastante bueno. Así que me sentía condenado y siempre luchaba con la culpa.

Entonces un día, hace veintidós años, me arrodillé y le pedí a Dios que me ayudara. Sentí que me respondió: «Ya que no puedes hacer nada sin mí, ¿cuánta ayuda deseas?» Después dijo: «El asunto no es ser bueno, es ser de Dios. Simplemente ven a mí, y te proveeré de bondad».

No entendí sus palabras completamente. ¿Qué quería decir «Te proveeré la bondad»? Estaba confundido, de modo que durante los próximos cinco años traté de ser bueno por mi propia fuerza. Pronto llegué a descorazonarme cada vez más. Por último, comencé a preguntarle a Dios sobre lo que creí que me había dicho antes en cuanto a su bondad. Explicó que tenía buenas obras preparadas para mí, pero que eran *sus* obras, y *yo* no podía hacerlas por Él. Me dijo que me hacía falta comenzar a oír su voz en lugar de tratar de reducir la vida cristiana a una serie de reglas y principios. Comencé a escuchar más durante mis momentos de oración y estudio bíblico, y le hablé más conscientemente durante las actividades normales del día.

Entonces comenzó a suceder algo interesante. Puso nuevos deseos y actitudes en mí. Su Espíritu comenzó a fortalecerme para realizar actos justos de los cuales antes no tenía deseo alguno. Comencé a sentir su voz más frecuentemente a través del día. Y se multiplicaron las buenas obras en mi vida.

Hoy día ya no trato de ser bueno; más bien solo me interesa hacer lo que Dios quiere: hago lo que ordene. Ahora mi vida personal se conforma más a su justicia y carácter que antes. Seguir sus mandamientos no deja mucho tiempo para el pecado.

Casi todos estamos confundidos en cuanto a cómo llevar una vida de fe. No podemos entender o relacionarnos con los enormes esfuerzos que fueron necesarios para hacer las cosas que Jesús hizo. La razón es que buscamos con demasiada frecuencia métodos, fórmulas y principios que nos abran el poder de Dios, frustrándonos cada vez que intentamos otra «llave» que no funciona.

Una vez más, *nosotros* no somos el Reino; somos instrumentos del Reino. Las obras del Reino se realizan mediante nosotros; así que nuestro propósito es dar testimonio de lo que Dios ha hecho, está haciendo, y hará. Como Jesús, hemos venido a hacer la voluntad del Padre. Cuando se le preguntó cómo debiéramos orar, Jesús nos enseñó: «Padre nuestro que estás en el cielo... venga tu reino, hágase tu voluntad en la tierra así como en el cielo» (Mateo 6.9-10). Debemos aprender, como hizo el centurión, cómo escuchar y creer los mandamientos de Jesús si esperamos ser vehículos de las señales y los milagros del reino.

*   *   *

En *The Real Satan* [El verdadero Satanás] James Kallas dice:

> ¡Se libra una guerra! ¡Guerra cósmica! Jesús es el invasor divino enviado por Dios para quebrantar las fuerzas de Satanás. En vista de eso se desarrolla todo el ministerio de Jesús. Este tiene un propósito: derrotar a Satanás. Toma en serio la fuerza del enemigo.[1]

Las declaraciones de Kallas sugieren una preguntan significativa: ¿Quién ataca el territorio del otro, Cristo o Satanás, y qué importancia tiene la respuesta a esa pregunta para los cristianos? La respuesta afecta nuestra actitud y postura en cuanto a la vida cristiana. Si Jesucristo es el invasor, se relega a Satanás a la defensiva. Nos convertimos en soldados a la ofensiva, tomando territorio y redimiendo vidas. Estamos luchando junto con Cristo.

Jesús dice lo mismo en Mateo 11.12: «Desde los días de Juan el Bautista hasta ahora, el reino de los cielos sufre violencia, y los violentos lo arrebatan». George Ladd señala que este versículo podría interpretarse de varias maneras, dependiendo de cómo se traduce el término griego «sufre violencia». Podría entenderse como «ejercer fuerza» o «ser tratado a la fuerza». La última traducción implica que Satanás lucha directamente contra el reino de Dios, colocando a Cristo y a nosotros a la defensiva.

Pero Ladd argumenta que «[en el Nuevo Testamento] no descubrimos la idea de Satanás atacando al Reino de Dios o ejerciendo su poder contra el Reino mismo. *Solamente puede batallar su guerra contra los hijos del reino ... Dios es el agresor; Satanás está a la defensiva*» (cursivas añadidas).[2] Ladd concluye que la mejor opción es que «el reino del cielo "ejerza su fuerza" o "resuelva las cosas poderosamente" en el mundo».[3] *Se* nos lanza en medio de una batalla con Satanás: es un tira y jala, y el precio es las almas de hombres y mujeres. El cautiverio satánico de hombres y mujeres tiene muchas facetas, pero negarles salvación final es su meta primordial. Sin embargo, hay otros tipos de dominio: esclavitud al pecado, problemas emocionales y físicos, disturbios sociales, y aflicción demoniaca.

Nuestra misión es rescatar a los que han sido llevados como cautivos como resultado de la caída de Adán. El resto del libro trata de cómo cumplimos esa misión.

El Reino de Dios

Lea *Evangelización poderosa*, Primera parte, capítulos 1—5.

Propósito

Muchos cristianos no piensan mucho sobre el Reino de Dios, inconscientes de que fue el centro de la predicación y la enseñanza de Jesús. Sin embargo, el Reino de Dios es el punto de poder para la evangelización personal. A menos que seamos personas del Reino, habrá muy poco poder en nuestro testimonio. En esta sesión verá cómo el Reino de Dios lo afecta personalmente.

Introducción

La meta de la sesión de debate es presentarles a los participantes el libro *Evangelización poderosa* y la estructura de las sesiones de siete semanas del grupo de estudio, e invertir tiempo para responder a las preguntas de debate.

Después de un período de adoración y oración, tome cinco minutos para repasar individualmente las preguntas que siguen. El propósito de esas preguntas no es armonizar sus respuestas con la enseñanza del libro; es ayudarle a forjar una opinión sobre el Reino de Dios tal y como afecta su vida. Así que dispóngase a decir sus respuestas.

Proyecto personal

Responda a las siguientes preguntas marcando «Sí», «No», o «A veces».

1. He tenido una experiencia en la evangelización personal parecida a la de Scott en el capítulo 1.   Sí   No   A veces

2. Antes de leer esta sección de *Evangelización poderosa* estaba consciente de la centralidad del Reino de Dios en la enseñanza y la predicación de Jesús.   Sí   No   A veces

3. Entiendo que la evangelización implica la proclamación y la demostración del evangelio del Reino de Dios.   Sí   No   A veces

4. En mi testimonio hablo sobre el Rey y su Reino.   Sí   No   A veces

5. Casi a diario tengo experiencias en las que estoy consciente de que mis normas éticas chocan con las de la mayoría de las personas que me rodean.   Sí   No   A veces

6. No es raro que alguien me pregunte: «¿Por qué eres tan diferente?»   Sí   No   A veces

7. Las personas me preguntan regularmente sobre mi relación con Dios.   Sí   No   A veces

8. En mi iglesia hago contribuciones económicas generosas.   Sí   No   A veces

9. No resulta difícil respetar y apoyar a los líderes de mi congregación.   Sí   No   A veces

	Sí	No	A veces
10. Hay aspectos significativos de mi vida que no he permitido que Dios gobierne.	Sí	No	A veces
11. Mi vida de oración se caracteriza por la obediencia y la intimidad con Dios hasta el punto que hay pocos momentos del día en que no estoy consciente de la presencia de Dios y mi dependencia de Él.	Sí	No	A veces
12. Cuando no puedo participar de la adoración dominical siento que he perdido una fuente significativa de fuerza y dirección.	Sí	No	A veces
13. En general mi manera de vivir se conforma con lo que creo.	Sí	No	A veces
14. Hablo regularmente con otros sobre su relación con Dios.	Sí	No	A veces
15. Mis relaciones con otros cristianos son fuente de fortaleza que me convierten en un testigo más eficiente de Jesucristo.	Sí	No	A veces
16. Dios me dirige regularmente a hablarles de Jesucristo a las personas.	Sí	No	A veces

Debate adicional

La meta de la sesión de debate es evaluar lo que cree acerca del Rey y del Reino de Dios, para aumentar su entendimiento sobre el Reino de Dios, y para animarlo a que permita que el Rey influya más en su manera de vivir.

El líder guiará al grupo mediante las preguntas anteriores en un debate abierto.

Plan de acción

Cada participante debe hacer una lista de cinco personas que conozca y a quienes les gustaría hablarles del Reino de Dios. Ore por ellas diariamente, y pídale a Dios la oportunidad de hablarle a *una* de ellas esta semana.

1.

2.

3.

4.

5.

Para la semana próxima

Dispóngase a contarle al grupo su experiencia evangelística.
Lea *Evangelización poderosa*, Segunda parte, capítulos 6—9.

El encuentro
de poder

~SEIS~

La pelea

*U*na llamada desesperada me despertó tarde una noche en 1978. «Por favor, pastor Wimber, ¡venga y ayude a Melinda!» gritó un joven en el teléfono. Siguió explicando que su amiga Melinda (el cual no es su verdadero nombre) estaba en una camioneta en un campo cercano. Aunque solo tenía dieciocho años de edad y pesaba solo unos 50 kilos, estaba revolcándose tan violentamente que la camioneta se bamboleaba. De ella salían sonidos extraños y gruñidos que parecían de animal, lo que no era su voz normal.

Habría de toparme con un demonio.

Antes de eso yo había creído en la existencia de demonios y hasta es probable que me hubiera tropezado con varios sin saberlo, pero esta era la primera vez que me topaba con uno que manifestaba abiertamente toda su maldad, mentira y obras asquerosas mediante otro ser humano. Esta era una llamada pastoral que jamás olvidaría.

Después que llegué al garaje de donde me llamó el muchacho, me llevó a la camioneta. La muchacha, o más bien algo en la joven, habló. Las primeras palabras que me asaltaron, en una voz ronca y macabra, fueron: «Te conozco, y no sabes lo que estás haciendo».

Pensé: «Tienes razón».

Entonces el demonio dijo por medio de Melinda: «No puedes hacer nada con ella. Es mía».

Pensé: «Estás equivocado». Sabía muy poco o nada sobre cómo expulsar demonios, pero también sabía que el Nuevo Testamento enseñaba que tenía *alguna* autoridad y responsabilidad de ocuparme de ellos.

Entonces comenzaron diez horas de batalla espiritual durante las cuales llamé a las fuerzas del cielo para que vencieran a Satanás. Busqué a través de los Evangelios pasajes sobre cómo expulsar demonios. Durante este tiempo la muchacha emitió olores fétidos y vi sus ojos virarse hacia atrás y sudó abundantemente. Escuché blasfemia y vi actividad física salvaje que requería más fuerza que la que podía poseer una joven flaca por cuenta propia. Me asombré y me asusté mucho, pero rehusé rendirme en la pelea.

Al final, creo que el demonio se fue porque lo cansé, no porque yo tuviera poder para expulsar espíritus malvados. (Desde entonces he aprendido mucho sobre ese tipo de encuentro. De haber sabido lo que ahora sé, estoy convencido de que el episodio no hubiera tomado más de una hora).[1]

*   *   *

Los encuentros con los demonios se han convertido en una experiencia común para mí. Alan Tippett llama a estos acontecimientos *encuentros de poder*, el choque del Reino de Dios con el reino de Satanás.[2] Estos conflictos, estos choques, podrían ocurrir en cualquier lugar, en cualquier momento. La expulsión de demonios es más espectacular, aunque los encuentros de poder de ningún modo se limitan a aquellos en que Satanás ataca mediante lo demoniaco.

Cualquier sistema o fuerza que haya que vencer para que el evangelio sea aceptado provoca un encuentro de poder. En cada caso, la incredulidad es el mal conquistado en un encuentro de poder. En realidad, la incredulidad *es* el reino de Satanás, aunque es una forma de él que es menos visible que los demonios o la enfermedad. Cuando experimentamos el Espíritu Santo y podemos convertir a los incrédulos, somos vehículos mediante los cuales el Reino de Dios derrota al reino de Satanás. Eso se aplica particularmente al campo misionero. C. Peter Wagner, profesor de crecimiento de iglesia en el Seminario Teológico

Fuller en Pasadena, California, comentando sobre los encuentros de poder y la evangelización entre tribus, escribe que «un encuentro de poder es una demostración visible y práctica de que Jesucristo es más poderoso que los dioses falsos o los espíritus adorados o temidos por un grupo de personas».[3] Eso resulta en la conversión de los miembros de las tribus.

Jesús comenzó su ministerio público con un encuentro de poder (Marcos 1.21-34). Poco después de sus cuarenta días de ayuno y prueba en el desierto, pasó por Galilea proclamando el evangelio y llamando a los primeros discípulos. Al fin y al cabo llegó a Capernaúm, donde asistió a una reunión en una sinagoga. Jesús, como era la costumbre de los rabinos visitantes, enseñaba al pueblo. Las personas «se asombraron de su enseñanza, porque les enseñaba como alguien que tenía autoridad, no como los maestros de la ley». Un hombre poseído de un demonio gritó: «¿Qué tienes con nosotros, Jesús de Nazaret? ¿Has venido a destruirnos? Sabemos quién eres, ¡el Santo de Dios!»

Aquello fue un reto claro al Reino de Dios. ¿Cómo respondió Cristo? Silenció al espíritu, y lo expulsó del hombre. Las personas se impresionaron con su poder: «Hasta ordena a los espíritus malos y le obedecen». Esa noche, en respuesta a la liberación matutina, una enorme muchedumbre se reunió cerca del lugar donde se estaba quedando, y una vez más expulsó demonios y «sanó a muchos que tenían muchas enfermedades».

Probablemente la ilustración más extraordinaria de ese tipo de encuentro en el Antiguo Testamento se halla en el relato de Elías cuando confrontó a los cuatrocientos cincuenta profetas de Baal en el Monte Carmelo (1 R 18.16-45). Aquí vemos al profeta de Dios enfrentando a un dios impotente, una imagen grabada que representaba un sistema religioso que apoyaba Satanás.

Después que el malvado rey Acab acusara a Elías de causar problemas en Israel, Elías lo retó a una confrontación abierta: mi Dios contra tu Baal, y el que quede en pie al final es el Dios verdadero. Acab aceptó. Ante todo el pueblo, el Señor abrumó a Baal. Durante la confrontación Elías se burló de los falsos profetas por la impotencia de Baal: «¡Griten más fuerte! ¡Ciertamente es un dios! Quizás esté pensando mucho, u ocupado, o viajando. Quizás esté dormido y hay que despertarlo». Elías fue agresivo, lleno de celo por la autoridad de Dios, aprovechando la oportunidad no solo de derrotar a Satanás sino también de demostrar el señorío del verdadero Dios.

La clave de todo el episodio fue que Elías hizo lo que Dios le dijo que hiciera. Él era un siervo de Dios. «Oh Jehová, Dios de Abraham, de Isaac y de Israel», oró, «que sea manifiesto hoy que tú eres Dios en Israel, y que yo soy tu siervo y que *por mandato tuyo* he hecho todas estas cosas» (v. 36, cursivas añadidas). Después de esa oración, cayó el fuego de Dios, probando su presencia. El siervo de Dios fue vindicado. La respuesta del pueblo fue inmediata: «¡Jehová es Dios!, ¡Jehová es Dios!»

*   *   *

Los pueblos primitivos muchas veces necesitan ver una demostración del poder superior del evangelio para que puedan creer. C. Peter Wagner recibió este informe de Terrie L. Lillie, un estudiante que lo documentó en una aldea de Kenya. El relato es de un testigo ocular.

Una niña estaba mortalmente enferma en la misma casa luego del final de la segunda semana. Tenía malaria y seguramente estaba muriéndose. En la noche nos despertó un gran grito. Corrimos hacia la casa de mi abuela. Kavili estaba llorando, y Mbulu y la anciana, Kanini, la niña que había nacido recientemente, estaba muriéndose. Había cambiado de color y sus ojos estaban completamente blancos. No pestañeaba.

Había muchas más personas y muchas más estaban en camino. Entré. Allí estaban las personas que no sabían qué hacer ni cómo hacerlo. Estaban en medio de la noche, sin auto ni nada con que se pudiera ayudar a alguien. En ese momento no había medicina disponible. Había que hacer algo. Creí que sería una buena idea orar y ver qué íbamos a hacer.

Pedí que me dieran la niña. La puse debajo de mis brazos y le pedí a mi esposa que se acercara. Les dije a todos que entraran para que pudiéramos orar por la moribunda niña. Entraron, pero algunos temían que la niña iba a morirse así que no querían entrar en una casa con una niña muerta. Entonces hice que todos se sentaran. Comencé a orar. No oré por mucho tiempo. Dije pocas palabras. Simplemente le pedí al Señor que sanara a la niña en el nombre de Jesús. Entonces le devolví la niña a su madre.

Cuando la devolví, estaba bien. Ya respiraba. Comenzó a llorar, la alimentaron y se sintió bien. Todos dedicaron tiempo a alabar al Señor. Realmente no podía entender qué estaba sucediendo pero sentí el poder de Dios saliendo de mí, y por un momento no quería decir muchas cosas. Esto era algo grande que hizo que todos los presentes se preguntaran cómo el Señor trabajó tan rápidamente.

Como resultado, todos en la aldea se hicieron cristianos.

En esta ocasión, hacía falta vencer una enfermedad fatal para llevar a los pobladores de la aldea a la fe en Cristo.

*　　*　　*

Pradip Sudra, un misionero británico en la India, hace poco describió un suceso en el estado sureño Gujarat que ilustra nuevamente la necesidad muy humana de ver demostrado el gran poder de Dios. En 1983 Pradip estaba en una misión con Operación Movilización. Estaba acompañado de media docena de compañeros de trabajo. Todos eran evangélicos consagrados pero inexpertos en servir con señales, maravillas, y sanidades sobrenaturales. Su costumbre era ir de aldea en aldea en una camioneta con enormes letras pintadas en ella proclamando: «Jesús salva y está vivo». El camino principal pasó muchos caminitos o senderos de barro que llevaban a la aldea. Entraban por cada camino adicional para entregar tratados y predicar un poco en aldea tras aldea.

El conductor pasó por un camino aledaño sin titubeo alguno. Pradip sintió en su espíritu que debían subir por ese camino, y le dijo al conductor que virara y regresara. El conductor dijo: «No, esa aldea es musulmana. Si vamos allí, nos van a apedrear. Van a derrotarnos». Sin embargo, Pradip insistió en que viraran y fueran a la aldea. Cuando el camión entró en la aldea, fue rodeado rápidamente por un extenso grupo de hombres hostiles y niños con palos y piedras.

Antes de comenzar cualquier acción, el Mulah (líder) musulmán salió y trató de calmar a la muchedumbre. Se volvió hacia los cristianos y dijo: «Oye, he escuchado que Jesús también sana. Ahora si ustedes son verdaderos siervos de Jesús, entonces quiero que hagan una cosa. Voy a dejar que prediquen en esta aldea, pero solo con una condición.

Es decir, mi esposa ha estado enferma. Está acostada. Ha estado allí por cinco años. Tiene espasmos estomacales. Oren por ella. Si se sana tienen mi permiso para que prediquen aquí. Si no se sana...» «Sabíamos cuáles serían los resultados», dice Pradip. «Realmente nos golpearían».

Pradip llevó consigo a un colega y acompañó al Mulah a su residencia. Le pidieron al esposo que le pusiera las manos a ella, porque era culturalmente inapropiado que ellos lo hicieran. Entonces oraron para que pudiera ser librada del espíritu que la oprimía. Fue sanada instantáneamente y se levantó. Ella les sirvió té.

Los pobladores insistieron en que se quedaran, y se quedaron durante tres semanas. Cada mañana y cada noche enseñaban al pueblo relatos bíblicos y cantos sobre Jesús. Al término de las tres semanas los pobladores de la aldea dijeron: «Hay un río cercano al final de una colina. Queremos ser bautizados». Casi todos los pobladores de la aldea que tenían más de doce o trece años de edad, 250 personas, fueron bautizados en un culto.

Una misión india llamada *Friends Missionary Prayer Band* [Banda de oración de amigos misioneros], de Tamil Nadu, envió un pastor a tiempo completo a la aldea. Hoy día es una iglesia que cubre todos sus gastos y envía obreros a predicar a Jesucristo a las aldeas vecinas. Pradip Sudra ha visitado varias veces la aldea para verificar el fruto continuo de la evangelización poderosa.[4]

Una zona de guerra

*E**n la naturaleza encontramos una analogía que podría ayudarnos* a entender lo que quiero decir con el término encuentro de poder. Cuando chocan frentes cálidos y fríos, se desarrolla la violencia: truenos y relámpagos, lluvia o nieve, hasta tornados y huracanes. Hay un conflicto y al fin y al cabo hay una descarga de energía. Es desordenada, desagradable y difícil de controlar.

Los encuentros de poder se parecen mucho a eso. Cuando el Reino de Dios entra en contacto directo con el reino del mundo (cuando Jesús se encuentra con Satanás), hay conflicto. Y habitualmente también es desordenado y desagradable, y nos resulta difícil de controlar.

La ocasión primordial de eso fue la crucifixión de Cristo. En ese momento se realizó un eterno sacrificio por nosotros, para que nuestro pecado pudiera ser perdonado y la carne, el mundo y el diablo pudieran ser totalmente derrotados. Se descargó gran poder ese día. Se estremeció toda la creación: la tierra tembló, las rocas se rajaron, el sol dejó de brillar por tres horas, y la cortina del templo se rompió en dos. Hasta las tumbas se abrieron, librando a los muertos, «santos» (Mateo 27.52). De la muerte de Cristo salía vida; sacudió la creación que estaba bajo el reinado del malo. Dos frentes, dos reinos, dos economías chocaron de frente. Y en la resurrección y la ascensión, Cristo salió ganador, Satanás perdedor.

Fue en este, el encuentro definitivo de poder, que se aseguró la salvación para todos los hombres y las mujeres que tienen fe en Cristo. Pero realizar esa salvación es otro asunto. En la era presente, período interino antes de la llegada de la plenitud del Reino, hace falta aplicar la victoria sobre Satanás en la vida de las personas que todavía están bajo su poder. Muchos cristianos no reconocen adecuadamente que aunque la victoria de Cristo es irreversible, su aplicación a los acontecimientos diarios es continua. Satanás todavía está vivo y bien, aunque su tiempo en la tierra es limitado.

Oscar Cullman ofrece una analogía que nos ayuda a entender cómo, a pesar de estar derrotado, Satanás todavía tiene gran poder, poder que, de no retarse, podría ser mortal. Durante la Segunda Guerra Mundial, según la mayoría de los expertos, se aseguró la victoria de los Aliados el Día D (6 de junio de 1944), la fecha en que en las playas de Normandía invadieron con éxito la Europa ocupada por los nazis. Como Alemania no pudo impedir su entrada, la victoria de las fuerzas británicas, estadounidenses y canadienses era inevitable. Pero pasaron once meses antes que los Aliados terminaran la guerra. Durante ese tiempo miles de personas perdieron la vida en las batallas más sangrientas de todo el conflicto. El día de la victoria (8 de mayo de 1945) estaba asegurado pero no realizado.[1] Estamos en una posición similar como cristianos: el establecimiento final y completo del Reino de Dios, con Cristo como su cabeza, fue asegurado en la resurrección, pero todavía tenemos que realizar su plenitud en los días en que vivimos.

Nosotros también somos soldados, miembros del ejército de Cristo. Pablo instruye a Timoteo: «Tú, pues, sufre penalidades como buen soldado de Jesucristo» (2 Timtoeo 2.3). Hay una guerra por librar con un enemigo que, si se lo permitimos, puede causar gran daño. Debemos prepararnos permitiendo que el poder del Espíritu venga a nuestra vida y obre por medio de nosotros para derrotar al enemigo.

*   *   *

La unidad de los primeros cristianos fue un ingrediente crucial para que experimentaran el poder del Espíritu. En el libro de Hechos, cuando se describe a los cristianos como unidos de mente y corazón, el poder de Dios viene en medida extraordinaria. Estaban «unánimes y juntos»

(2.1), y sucedió el Pentecostés (2.2-13). Se «dedicaron a la enseñanza de los apóstoles y a la comunión» (2.42), y «realizaron muchas maravillas y milagros» (2.43). «Y la multitud de los que habían creído era de un corazón y un alma; y ninguno decía ser suyo propio nada de lo que poseía, sino que tenían todas las cosas en común» (4.32), y «y con gran poder los apóstoles continuaron testificando» (4.33).

En el capítulo 2 describimos el nacimiento de una nación guerrera, el ejército de Dios, la Iglesia. En esa nación descubrimos la respuesta de Dios al previo intento de las personas de unirse «como un solo pueblo hablando el mismo idioma» (Génesis 11.1-9). Contra el trasfondo del fracaso en Babel aprendemos un principio de unidad espiritual de la victoria de Dios en Pentecostés. En Babel, al observar el intento de las naciones de vanagloriarse, el Señor dijo: «He aquí el pueblo es uno, y todos estos tienen un solo lenguaje; y han comenzando la obra, *y nada les hará desistir ahora de lo que han pensado hacer*. Ahora, pues, descendamos, y confundamos allí su lengua, para que ninguno entienda el habla de su compañero» (vv. 6-7, cursivas añadidas).

Dios reconoce inmediatamente que el poder está presente cuando el pueblo está unido en propósito e idioma. Hasta el pueblo más rebelde y egoísta, cuando se une, puede alcanzar gran parte de lo que se propone. El potencial para el bien *y el mal* dentro de los hombres y las mujeres es casi ilimitado cuando cooperan.

El día de Pentecostés el Espíritu Santo vino a producir una nueva nación de muchas naciones, una nueva raza de entre todas las razas, el pueblo de Dios (Hechos 2.5-6, 41). En la Biblia se usan varias palabras para expresar el significado de una nación cristiana. Una de las palabras griegas más comunes para «nación» es *ethnos*. Karl Ludwig Schmidt, en el *Theological Dictionary of the New Testament* [Diccionario teológico del Nuevo Testamento], dice que *ethnos* significa una «multitud atada por las mismas costumbres, modismos, u otras características distintivas. Nos da el sentido de un pueblo».[2] Si se hace referencia a las «naciones» del mundo como muchas, la «nación» de Cristo es singular, una unidad. Eso significa que, a pesar de ser una multitud, Dios nos percibe como un pueblo o sociedad (véase 1 P 2.10; Gl 3.6-9). Esta unidad es una clave para experimentar el poder espiritual.

Una nación necesita un idioma. El día de Pentecostés Dios creó orden de la confusión, entendimiento de su palabra de una multitud de idiomas. Cuando el Espíritu Santo vino sobre los discípulos, cada presente le oía hablar en su lengua materna. La Biblia describe la reacción inicial de los testigos como de sorpresa y perplejidad (Hechos 2.12). Que los discípulos pudieran hablar en otros idiomas era mucho más sorprendente porque no tenían educación formal.

En Babel, una nación fue quebrada en muchas, un idioma cambió a muchos, confundiendo a todos, lo cual llevó a una pérdida de poder y propósito. El día de Pentecostés, muchas naciones y lenguas se unieron, y los presentes pudieron experimentar un derramamiento de poder y se añadieron tres mil nuevos discípulos (Hechos 2.41).

Muchas veces en un encuentro de poder que lleva a la conversión, el poder del Espíritu aparece primero en los que están evangelizando, y luego en los que son evangelizados. El día de Pentecostés las personas estaban asombradas y perplejas. Sin embargo, muchas se apresuraron a dar el paso y cruzar al otro lado: se convirtieron en participantes de la gracia de Dios. Muchas veces el hecho de ver la presencia del Espíritu en un cristiano abrirá a los que no lo son al evangelio del Reino de Dios (Hechos 2.42).

Hizo falta la explicación de Pedro del Pentecostés para llevar a los tres mil a Cristo. Por lo regular, cuando los que no son cristianos ven el poder del Espíritu, tienen muchas preguntas que solamente el evangelio puede responder. Debe añadirse una explicación racional a algo que transciende al racionalismo, lo natural a lo sobrenatural, para el avance más poderoso del Reino de Dios.

Un ejército internacional nació del encuentro de poder del Pentecostés. La lectura del resto de Hechos se asemeja a las crónicas de guerra donde el ejército de Dios le obedece. Debe ser igual la lectura de nuestra vida.

~OCHO~

Los cristianos también

*L*os encuentros de poder son difíciles de controlar y por lo tanto es difícil que muchos cristianos occidentales puedan aceptarlos porque no nos gustan los fenómenos que no se ajustan a nuestras normas racionales: nos hunden en un mundo más allá de lo racional en el que perdemos control de la situación. Los acontecimientos que no se ajustan a nuestras categorías normales de pensamiento nos resultan amenazantes, nos causan miedo, porque se desconocen, sobre todo cuando entra en juego el poder espiritual.

La primera vez que experimenté un encuentro de poder parecido al descrito en Pentecostés, me irrité y me enojé muchísimo con Dios. Fue el Día de las Madres del 1979, y había invitado a un joven a hablar en el culto vespertino en la iglesia donde hacía poco había llegado a ser pastor, y que luego se convertiría en *Vineyard Christian Fellowship* [Iglesia La Viña] en Anaheim, California. Su origen estuvo en el movimiento californiano «Jesus People» [Gente de Jesús] de fines de la década de los años sesenta y comienzos de los setenta, y yo había oído decir que cuando él hablaba era imprevisible. Él me hacía sentir tenso, sin embargo sentí que Dios deseaba que hablara. Había sido usado por Dios para llevar cristianos a una experiencia refrescante del Espíritu Santo, y me parecía obvio que la congregación necesitaba renovación espiritual. Me apuro a señalar que el pedirle a ese joven que hablara era algo que pugnaba con mis instintos normales como pastor. Tomo muy en serio la amonestación en cuanto a que los pastores deben proteger sus rebaños, pero en esa ocasión sentí que eso era lo que Dios quería. Sea como fuere, iba a mantenerme firme costara lo que costara.

Me puse más tenso cuando él aceptó de manera entusiasta la invitación a hablar. ¿Qué dirá? ¿Qué le va a hacer a mi iglesia? El Señor me recordó suavemente: «¿De quién es esta iglesia?»

Esa noche dio su testimonio, un poderoso relato de la gracia de Dios. Mientras hablaba, me tranquilicé. Aquí no hay nada extraño. O así creí. Entonces hizo algo que jamás había visto en una reunión eclesial. Terminó su charla y dijo: «Bueno, ese es mi testimonio. Ahora bien, la Iglesia en todo el mundo ha estado ofendiendo al Espíritu Santo por mucho tiempo y lo han apagado. Así que vamos a invitarle a que venga y ejerza su ministerio». Todos esperamos. El ambiente se sentía pesado por la expectativa y la ansiedad.

Entonces dijo: «Ven, Espíritu Santo». ¡Y vino!

Debo recordarle que no éramos una iglesia «pentecostal» con una amplia experiencia o entendimiento del tipo de cosas que comenzaron a suceder. Lo que sucedió no pudo ser comportamiento aprendido. Habíamos tenido unas cuantas experiencias de sanidad, liberaciones, y dones como la profecía, pero sucedían mayormente en grupos en los hogares o en sesiones de oración tras puertas cerradas.

Sin embargo, esto sucedía en nuestra reunión de adoración pública. Algunas personas caían al suelo. Otros, que no creían en las lenguas, las hablaban en voz alta. El conferenciante rondaba alrededor de la muchedumbre, orando por las personas, algunas de las cuales se caían inmediatamente cuando el Espíritu Santo reposaba sobre ellas.

¡Yo estaba desconcertado! Durante la experiencia, lo único que podía pensar era: «Oh Dios, sácame de aquí». A consecuencia de esto, perdimos miembros de iglesia y mi personal se molestó mucho. Esa noche no pude dormir. En vez de eso, me pasé la noche leyendo la Biblia, buscando el versículo: «Ven, Espíritu Santo». Jamás lo encontré.

Ya para las cuatro y media de la madrugada estaba más molesto que en la reunión. Entonces recordé que había leído en *The Journal of John Wesley* [El diario de Juan Wesley] sobre algo similar a eso. Fui al garaje y encontré una caja de libros sobre avivamientos y comencé a leerlos. Lo que descubrí fue que nuestra experiencia en el culto no era singular; personas como Juan y Carlos Wesley, George Whitefield, Carlos Finney y Jonathan Edwards tuvieron experiencias parecidas en sus ministerios. Ya para las seis de la mañana había encontrado al menos diez ejemplos de señales parecidas en la historia de la iglesia.[1]

Por ejemplo, el 1 de enero de 1739, Juan Wesley escribió en su diario sobre un acontecimiento el 24 de mayo de 1738:

Los señores Hall, Hinching, Ingham, Whitefield, Hutching y mi hermano Carlos estaban presentes en nuestra fiesta de amor en Fetter Lanes con unos sesenta de nuestros hermanos. Como a las tres de la madrugada mientras continuábamos orando el poder de Dios cayó poderosamente sobre nosotros, de tal manera que muchos gritaron de gozo deleitoso y muchos se cayeron al suelo. Tan pronto como nos recuperamos un poco del asombro y la sorpresa ante la presencia de su Majestad, irrumpimos a una sola voz: «Te alabamos oh Dios, te reconocemos como el Señor».[2]

Entonces le pedí a Dios certeza de que esto provenía de él, que esto era algo que él, no los seres humanos ni Satanás, estaba haciendo. Precisamente después de orar, sonó el teléfono. Llamaba Tom Stipe, pastor y buen amigo mío. Le conté lo que había sucedido la noche anterior, y respondió que era de Dios. «Eso fue exactamente lo que sucedió durante los primeros días del avivamiento de los *Jesus People* [Gente de Jesús]. Muchas personas se salvaron». Esa conversación fue significativa, porque Tom era un testigo creíble. Yo solamente había oído sobre estas cosas; Tom las había vivido.

Durante los próximos meses siguieron ocurriendo fenómenos sobrenaturales, muchas veces sin ser invitados y sin promoción alguna, de modo espontáneo. Llegó nueva vida a nuestra iglesia. Todos los que fueron tocados por el Espíritu Santo o cedieron al Espíritu Santo, ya fuera que se hubieran caído, comenzaran a sacudirse, se quedaran muy quietos y callados, o que hablaran en lenguas, aceptaron la experiencia y creyeron que era maravillosa, y esto los acercó a Dios. Lo que es más importante, aumentaron la oración, la lectura de la Biblia, el interés por otros y el amor de Dios.[3]

Nuestros jóvenes salieron a la comunidad, buscando personas para evangelizar y orar por ellas. Un suceso que escuché es una buena ilustración de lo que sucedía con frecuencia. Un día un grupo de jóvenes se acercó a un extraño en un estacionamiento. Pronto estaban orando por él, y se cayó al suelo. Para cuando se levantó, el extraño se había convertido. Ahora es miembro de nuestra iglesia.

En mayo comenzó un avivamiento, y para septiembre habíamos bautizado a más de setecientos convertidos. Debe de haber habido unos mil setecientos nuevos convertidos durante un período de tres meses y medio. Yo era un experto en crecimiento de iglesia, pero jamás había visto evangelización como esa.

Los encuentros de poder en la iglesia, en este caso sin consideración al «decoro civilizado», nos catapultó a un avivamiento. Lo que yo consideraba como el «orden» en la Iglesia del siglo veinte evidentemente no era lo mismo que experimentaban los cristianos en la Iglesia del Nuevo Testamento.

Sin embargo, debo añadir una palabra de precaución. Nos engañaríamos al pensar que la falta de orden u organización le permite al Espíritu Santo mayor libertad para trabajar, mientras que el aumento del orden lo inhibe. Hace falta la *clase* correcta de orden para que una iglesia madure y cumpla sus tareas. La Iglesia es un organismo, un cuerpo vivo. Un cadáver está muy organizado, pero está muerto, no tiene espíritu por dentro. Muchas congregaciones son como cadáveres: muy ordenados pero faltos de la vida de Cristo. Por otra parte, la ameba unicelular, a la que sin duda le falta organización y complejidad, tiene vida pero no puede logar mucho. Los grupos de oración y otras organizaciones cristianas que rechazan la necesidad de liderazgo muchas veces son como amebas: tienen vida pero no pueden alcanzar mucho.

Lo que Dios desea es un cuerpo vivo, donde el Espíritu Santo tiene libertad de operar y el cuerpo está ordenado de tal manera que pueda alcanzar mucho. Este cuerpo es bastante complejo porque el proceso de la evangelización y el discipulado es bastante enredado. Aunque, una clave, es que se establezca el orden de Dios, no el nuestro. A veces trastorna el orden nuestro a fin de establecer el suyo.

El temor al poder de Dios

E n Hechos 5.12-16 leemos acerca de otra respuesta a los encuentros de poder: el miedo. El pasaje comienza así: «Y por la mano de los apóstoles se hacían muchas señales y prodigios en el pueblo». En Jerusalén los apóstoles se reunían todos los días en el Pórtico de Salomón en el templo, y el poder de Dios venía. En ese momento eran «muy respetados por el pueblo». Pero los discípulos también eran muy temidos porque el pueblo sabía que Dios estaba con ellos. La Biblia dice que «nadie se atrevía a unírseles».

Hoy día muchas congregaciones se han vuelto tan librepensadoras, y hasta profanas, que a quienes no son miembros no les interesa entrar en sus templos. En realidad, muchas veces las personas ven la Iglesia solo como otra organización necesitada de su ayuda. Recibo cartas frecuentemente de organizaciones seculares que se dedican a recaudar fondos ofreciendo recaudar fondos para nuestra iglesia. Para muchos, la Iglesia es una institución ineficiente necesitada de orientación experta, por una cuota, por supuesto.

En el Nuevo Testamento, los que no formaban parte de la comunidad cristiana temían porque no sabían qué les sucedería si se mudaban entre cristianos. Podrían ser consumidos por el poder de Dios; sus pecados secretos podrían ser revelados; les llegaría la sanidad; podrían expulsarse los demonios. Pablo, escribiéndole a los corintios en cuanto al orden adecuado de los dones espirituales, les instruye a que esperen encuentros de poder:

> Si, pues, toda la Iglesia se reúne en un solo lugar, y todos hablan en lenguas, y entran indoctos o incrédulos, ¿no dirán que estáis locos? Pero si todos profetizan, y entra algún incrédulo o indocto, por todos es convencido, por todos es juzgado; lo oculto de su corazón se hace manifiesto; y así, postrándose sobre el rostro, adorará a Dios, declarando que verdaderamente Dios está entre vosotros.
>
> (1 Corintios 14.23-25)

El Espíritu de Dios trabaja hoy día de esa manera. Recientemente leí este relato anónimo de la experiencia de conversión de un homosexual:

> Un fin de semana fui a visitar unas amistades fuera de la ciudad [en que vivía], personas que conocía desde antes de mis días como homosexual declarado. Habíamos tomado rumbos bastante diferentes. Ahora ellos eran cristianos que participaban en la renovación carismática, y jamás les había contado acerca de mi nueva vida. Sin embargo, todavía me gustaba verlos de cuando en cuando. De hecho me intrigaba su visible gozo y fervor.
>
> Durante esta visita en particular me pidieron que fuera con ellos a una reunión de oración. Accedí, aunque esperaba una hora y media de aburrimiento. Manejamos en medio de la cálida noche veraniega hasta un enorme cuarto lleno de gente.
>
> La reunión comenzó con unas cuantas palabras del líder y un par de cantos, seguido de un murmullo bajo de personas orando en voz alta. Parecía que las cosas apenas habían comenzado cuando el líder se puso de pie otra vez, y se veía un poco nervioso. Todavía

puedo oírlo diciendo: «El Señor me ha dicho esta noche que alguien aquí ha estado practicando la homosexualidad. Él quiere que sepa que le ama y le perdona».

Ese suave mensaje me golpeó como un relámpago. Durante años había quitado de mi mente al Dios de mi niñez. Ahora Dios me hablaba. Tampoco andaba simplemente diciendo «hola»: me pedía que abandonara toda mi manera de vivir.

Me pasé el resto de la reunión luchando conmigo mismo. «¿Por qué necesito perdón?» pensaba. «No he hecho nada malo». Entonces recordé rápidamente las lecciones de religión de mis primeros años: quién era Dios, qué implicaba el que me amara, qué implicaba el que lo rechazara. Al final, mi debate se redujo a esto: «Sé lo suficiente sobre Dios como para saber que si me está hablando, y creo que lo está haciendo, lo único sensato que puedo hacer es obedecer».

Cuando la reunión terminó, me volví hacia mis amistades. «Ese mensaje era para mí», les dije. «Quiero hacer lo que Dios dice». Con el tiempo me sentí listo para el matrimonio y me enamoré de la mujer que ahora es mi esposa. Nuestra vida juntos ha sido mi fuente de felicidad.[1]

Mi co-autor, Kevin Springer, conoció al autor de este testimonio. Quince años después de escribir estas palabras, todavía es un cristiano fiel. Él y su esposa tienen tres hermosos niños. Reflexionando sobre su experiencia de conversión, dijo: «Por años antes de mi conversión me sentía nervioso alrededor de los carismáticos, inquieto porque Dios podía revelarles mi homosexualidad. Pero para cuando asistí a la reunión en la que me convertí, ya no estaba en guardia. Así que, cuando bajé la guardia, me sobrevino el poder de Dios».

*　　*　　*

En Hechos 13.4-12 hay un encuentro de poder parecido al que hubo entre Elías y los profetas de Baal. Pablo y Bernabé, enviados recientemente de la iglesia en Antioquía, estaban en la ciudad de Pafos en la isla de Chipre. A Sergio Paulo, el procónsul, le llegó noticia de su presencia, y mandó buscarlos «porque deseaba escuchar la palabra de Dios».

La escena estaba preparada para un encuentro entre la luz y las tinieblas cuando Pablo y Bernabé entraron en el salón de recepción de Sergio Paulo. Allí estaba Elimas el hechicero, oponiéndoseles con el propósito de desviar al proconsul de su naciente fe. Jesús tenía sus testigos, Pablo, y Satanás su Elimas.

Si Sergio Paulo iba a convertirse completamente, hacía falta acción. Pablo, lleno del Espíritu Santo, respondió al reto. Le dijo a Elimas: «¡Oh, lleno de todo engaño y de toda maldad, hijo del diablo, enemigo de toda justicia! ¿No cesarás de trastornar los caminos rectos del Señor? Ahora, pues, he aquí la mano del Señor está contra ti, y serás ciego, y no verás el sol por algún tiempo». En ese momento Pablo hablaba las palabras de Dios, bajo su unción. Elimas fue cegado inmediatamente.

Y Sergio Paulo creyó. ¿Por qué? Porque «creyó, maravillado de la doctrina del Señor». ¿Cuál fue la enseñanza? Que el Señor estaba presente, y era más poderoso que cualquier cosa en la creación.

*　　*　　*

El Espíritu puede hacer sentir su poder en la naturaleza así como por medio de las personas. Muchas veces el resultado es miedo y buena disposición en quienes lo contemplan. Cuando metieron a Pablo y a Silas en la cárcel filipense (habían sido falsamente acusados de provocar un desorden), el poder de Dios golpeó la cárcel, causando un terremoto, abriendo las puertas, y soltando sus cadenas (véase Hechos 16.16-40).

El carcelero, que se había dormido, supuso que los presos habían huido. Se mataba a los guardias romanos que permitían que escaparan sus presos, por la razón que fuera. Así que el carcelero sacó su espada para quitarse la vida. Pero Pablo lo detuvo. «No te hagas ningún mal, pues todos estamos aquí» (v. 28).

La respuesta de Pablo al poder de Dios fue la misericordia, extendida a su carcelero. En lugar de huir para salvarse, Pablo y Silas se quedaron en la cárcel. El carcelero se apuró hacia ellos, se postró, y preguntó: «¿Qué debo hacer para ser salvo?» Pablo le respondió: «Cree en el Señor Jesús, y serás salvo». El carcelero y su familia fueron salvos, y todos sintieron gran alegría porque habían llegado a creer en Dios. Cuando el poder de Dios se combina con su misericordia, se ablandan los corazones temerosos.

No debiera sorprendernos que el libro de Hechos esté lleno de relatos como ese. Al final del Evangelio según San Mateo, Jesús nos comisiona para que seamos fuentes de encuentros de poder, siempre listos para aprovechar cualquier oportunidad para proclamar la gracia y la misericordia de Dios a fin de hacer discípulos preparados y obedientes (Mateo 28.18-20). Creo que la gran comisión puede cumplirse con más eficiencia a medida que entreguemos nuestra vida al poder de Dios en la forma descrita en este libro.

Antes de ordenarnos a «ir y hacer discípulos de todas las naciones». Jesús introdujo sus palabras con la declaración: «Toda autoridad en el cielo y en la tierra me ha sido dada». *Toda* autoridad es en Cristo, así que cualquier cosa que nos ordene hacer, tenemos acceso al poder requerido para hacerlo.

La palabra griega traducida aquí como «autoridad» es *exousia*. Werner Foerster nota que esta palabra «indica el poder [de Jesús] dado por Dios y la autoridad para actuar... Es su propia regla en libre acuerdo con el Padre».[2] En el padrenuestro se le pide al Padre que venga su Reino y se haga su voluntad «en la tierra como en el cielo» (Mateo 6.10). Toda la vida de Jesús se fundaba sobre el principio de hacer la voluntad del Padre, andar a su manera y hacer sus obras. «De cierto, de cierto os digo: No puede el Hijo hacer nada por sí mismo, sino lo que ve hacer al Padre; porque todo lo que el Padre hace, también lo hace el Hijo igualmente» (Juan 5.19).

Toda autoridad para hacer discípulos se encuentra en Cristo, y Él está con nosotros hoy día. «Yo estoy con vosotros todos los días, hasta el fin del mundo», nos asegura en la gran comisión (Mateo 28.20).

¿Cómo está con nosotros? «Todo lo que tiene el Padre es mío; por eso dijo que tomará de lo mío, y os lo hará saber» (Juan 16.15). El Espíritu Santo es la clave de los encuentros de poder. Nuestra disposición a aceptar su dirección y capacitación, unción y poder es el catalítico para cumplir la gran comisión.

Es claro que los primeros cristianos fueron sensibles al poder del Espíritu, que resultó en señales y maravillas y crecimiento de iglesia. Si queremos ser como la Iglesia primitiva, nosotros también necesitamos estar abiertos al poder del Espíritu Santo.

El encuentro de poder

Lea *Evangelización poderosa*, Segunda parte, capítulos 6—9.

Propósito

En esta sesión examinará barreras culturales que le impiden dar a conocer el evangelio. Debe procurar estar más consciente de cómo la guerra espiritual afecta a la evangelización.

Debate

Cuente sus experiencias evangelísticas de la semana anterior. Ocúpese de estas preguntas:

- ¿Qué frustraciones experimentó al hablar con las personas?
- ¿Qué luchas internas tuvo cuando intentó acercarse a alguien?
- ¿Sintió la dirección de Dios, tanto con la persona con la que habló como con lo que dijo?

Debate adicional

El líder debe dirigir un debate abierto analizando los puntos que surjan a continuación. Muchas de las barreras internas para hablar del evangelio encajan en las siguientes categorías. ¿Puede identificar alguna de ellas en sí mismo?

- *Miedo* a ser ridiculizado y rechazado; o parecer fanático o raro; de molestar a la gente. En realidad, a veces *seremos* rechazados, pareceremos fanáticos, y molestaremos a la gente. Ore por valor para vencer estos temores y hablar del evangelio apropiadamente y con valentía.
- *Sentir que estamos «imponiendo» nuestras ideas sobre otros.* Sin embargo, estas no son «nuestras ideas», son el camino de vida hacia la fuente de vida. La idea de que estamos «imponiendo» viene del mundo, para cortar a la gente de la vida eterna.
- *No estamos convencidos en nuestro corazón de que la evangelización personal es trabajo nuestro.* Es cierto que el Padre nos atrae, el Hijo salva, y el Espíritu Santo da testimonio (Juan 15.26). Pero 1 Pedro 2.9 dice que hemos de anunciar «las virtudes de aquel que os llamó de las tinieblas a su luz admirable», y 3.15 dice que siempre hemos de estar preparados para dar testimonio.
- *No creemos que vamos a hacer un bien, porque hemos olvidado la fuente de poder en nuestro testimonio.* Con la oración y la dependencia del Espíritu Santo, nuestras palabras se convierten en vida y nuestra acción da testimonio de que Dios está vivo.
- *No sabemos qué decir.* Nos hace falta aprender lo esencial del evangelio y a comunicarlo de forma natural. Pero eso es fácil de hacer, como aprenderemos en la tercera parte.

Lo siguiente es lo que *debiera* motivarnos esta semana. Que una persona diferente busque un pasaje bíblico para cada punto y lo analice con el grupo:

- *La naturaleza de Dios.* Como Dios es amor, su amor debe motivarnos a amar a los demás y a hablarles del evangelio (Is 65.2; Jer 31.3; 2 Corintios 5.11-15).
- *La necesidad humana.* Solo hay un camino hacia Dios, y cualquier otro camino lleva a los hombres y las mujeres al infierno (Lucas 2.30-32; 1 Juan 1.1-4). Pena por los perdidos es una motivación válida (1 Corintios 9.16).

- *Obediencia a Cristo*. Se nos ha llamado a la evangelización (Mateo 28.18-20).
- *Recompensas eternas*. Daniel 12.3 dice: «Los entendidos resplandecerán como el resplandor del firmamento; y los que enseñan la justicia a la multitud, como las estrellas a perpetua eternidad» (véase también Marcos 10.29-31).

Plan de acción

Repase su lista de cinco personas de la semana anterior, añadiendo o borrando cualquier nombre. En la columna a la derecha de cada nombre, haga una lista de las barreras que reconozca en usted o en ellos que impidan que les hable con más soltura. Ore por cada persona diariamente, pidiéndole a Dios la oportunidad de hablar con uno de ellos esta semana, y por la sabiduría y el valor de vencer las barreras.

NOMBRE	BARRERAS
1.	
2.	
3.	
4.	
5.	

Para la semana próxima

Designe a una persona en el grupo para que mire la sesión de estudio de la semana próxima y prepare (por escrito) su testimonio de tres minutos para el resto del grupo.

Dispóngase a contarle al grupo su experiencia evangelística.

Lea *Evangelización poderosa*, Tercera parte, capítulos 10—13.

Evangelización poderosa

DIEZ

Un encuentro asombroso

Al final de un largo día de ministerio, estaba exhausto. Acababa de concluir una conferencia pedagógica en Chicago y volaba hacia otra presentación en Nueva York. Esperaba el vuelo como oportunidad para descansar durante algunas horas antes de entregarme de nuevo a la enseñanza. Pero no sería el tranquilo vuelo rutinario que esperaba.

Poco después de despegar, recosté el asiento y ajuste el cinturón de seguridad, preparándome a descansar. Mis ojos vagaban por la cabina, sin mirar nada en particular. Sentado al otro lado del pasillo había un hombre de edad madura, un hombre de negocios, a juzgar por su apariencia, pero no tenía nada distinto ni fuera de lo común. Pero al instante que mis ojos pasaron por donde estaba, vi algo que me desconcertó.

Escrito en su rostro con letras claras y distintivas creí haber visto la palabra «adulterio». Parpadeé, me froté los ojos y miré de nuevo. Todavía estaba allí. «Adulterio». No lo veía con los ojos, sino con el ojo de mi mente. Estoy seguro de que nadie más en el avión podía verlo.

Era el Espíritu de Dios comunicándose conmigo. El hecho de que era un fenómeno espiritual no lo hacía menos real.

Ya para ese entonces el hombre estaba consciente de que lo estaba mirando («mirándolo fijamente» pudiera ser una descripción más precisa).

—¿Qué desea? —dijo algo irritado.

Mientras hablaba, el nombre de una mujer vino claramente a mi mente. Eso me resultaba más normal; me había acostumbrado a que el Espíritu Santo me hiciera consciente de cosas mediante este tipo de pistas.

Un tanto nervioso, me incliné sobre el pasillo y le pregunté:

—¿El nombre Jane [no es su verdadero nombre] le resulta conocido?

Su rostro palideció.

—Tenemos que hablar —tartamudeó.

El avión en el que viajábamos era un *jumbo jet*, de los que tienen un pequeño bar en el segundo piso. Mientras lo seguía por las escaleras, sentí al Espíritu hablándome una vez más. «Dile que, si no abandona su adulterio, voy a llevármelo».

¡Fantástico! Lo único que quería era un viaje bueno y pacífico en avión hasta Nueva York. Ahora heme aquí, sentando en el bar del avión con un hombre que jamás había visto antes, cuyo nombre ni siquiera conocía, a punto de decirle que Dios iba a tomar su vida si no detenía este amorío con una mujer.

Nos sentamos en un tenso silencio. Me miró sospechosamente por un momento, entonces preguntó:

—¿Quién le dijo ese nombre?

—Dios me lo dijo —dije apurado. Estaba muy atolondrado como para pensar en una forma de facilitar el tema con más amabilidad.

—¿*Dios* se lo dijo? —preguntó casi gritando, al asombrarse por lo que le dije.

—Sí —respondí, aspirando profundamente—. También me dijo que le dijera... que a menos que se aparte de esta relación adúltera, va quitarle la vida.

Me preparé para lo que ciertamente sería una reacción defensiva enojada, pero me alivié porque al momento que hablé, su defensa se derrumbó y su corazón se derritió. En una voz desesperada y entrecortada me preguntó:

—¿Qué debo hacer?

Al fin estaba en terreno familiar. Le expliqué lo qué quería decir arrepentirse y confiar en Cristo, y lo invité a orar conmigo. Con las manos dobladas y la cabeza inclinada, comencé a dirigirlo en oración silenciosa: «Oh Dios...»

Hasta ahí llegué. Parecía a punto de explotar al sentirse condenado por el pecado. Estallando en lágrimas, gritó:

—Oh *Dios*, lo siento mucho —y se entregó a la oración de arrepentimiento más conmovedora que jamás haya escuchado.

Era imposible, en un espacio tan restringido, mantener escondido lo que estaba pasando. No pasó mucho tiempo antes que todos en el bar conocieran bien la pasada pecaminosidad de ese hombre y su arrepentimiento. Hasta las azafatas estaban llorando junto con él.

Cuando terminó de orar y se compuso, hablamos por un rato acerca de lo que le había sucedido.

—Me enojé cuando me mencionó ese nombre —explicó—, porque mi esposa estaba sentada en el asiento a mi lado. No quería que ella lo escuchara.

Sabía que no le iba a gustar lo que habría de decirle.

—Va a tener que decírselo.

—¿De verdad? —respondió tenuemente—. ¿Cuándo?

—Es mejor que lo haga ahora mismo —dije suavemente.

Se entiende que la posibilidad de confesárselo a su esposa fuera un tanto intimidante, pero pudo ver que no había otra manera. Así que una vez más lo seguí, bajamos las escaleras y volvimos a nuestros asientos.

No pude escuchar la conversación por el ruido del avión, pero pude ver la reacción atolondrada de su esposa, no solo por su confesión de infidelidad, sino también su relato de cómo el extraño sentado al otro lado del pasillo había sido enviado por Dios para advertirle de las consecuencias de su pecado. Con los ojos muy abiertos por la sorpresa (¡y probablemente terror!), primero se le quedó mirando su esposo, entonces a mí, entonces volvió a quedarse mirando a su esposo, después a mí, mientras se desarrollaba la historia. Al final el hombre llevó a su esposa a aceptar a Cristo, allí mismo en el avión.

No hubo mucho tiempo para hablar cuando nos bajamos del avión en Nueva York. No tenían una Biblia, así que les di la mía. Entonces nos fuimos por nuestros respectivos caminos.

Evangelización poderosa

*E*l relato en el capítulo anterior podría parecer un acontecimiento raro o singular, pero podría escribir centenares de relatos similares, tanto basados en mi experiencia propia como la de conocidos míos. Llamo a este tipo de encuentro *evangelización poderosa*, y creo que fue uno de los medios más eficaces de evangelización en la Iglesia primitiva.[7] Además, la evangelización poderosa parece haber estado presente durante períodos de gran expansión misionera y renovación a través de la historia de la Iglesia (véase el Apéndice A).

Por evangelización poderosa indico una presentación del evangelio que es racional pero que también transciende lo racional (aunque no es en manera alguna «irracional» o «antiracional»). La explicación del evangelio, la clara proclamación de la obra terminada de Cristo en la cruz, viene con una demostración del poder de Dios mediante señales y maravillas. La evangelización poderosa es una presentación espontánea del evangelio, fortalecida e inspirada por el Espíritu. Demostraciones de la presencia de Dios preceden y sostienen a la evangelización poderosa, y frecuentemente resulta en grupos de personas salvadas. Las señales y los milagros no salvan; solo salva Jesucristo y su obra expiatoria en la cruz.

Mediante esos encuentros las personas experimentan la presencia y el poder de Dios. Por lo regular eso adopta la forma de palabras de conocimiento (como las que se me dieron sobre el hombre en el avión), sanidad, profecía, y liberación de espíritus malvados. En la evangelización poderosa, la resistencia al evangelio se vence mediante la demostración del poder de Dios, y la receptividad a las afirmaciones de Cristo por lo general es bastante alta.

Sin embargo, antes de examinar detenidamente la evangelización poderosa, hace falta una palabra saludable de precaución y aclaración. La Biblia no enseña que la evangelización separada de señales y maravillas es inválida, o que la adición de señales y maravillas cambie de alguna manera el mensaje del evangelio. *El corazón y el alma de la evangelización es la proclamación del evangelio.* Muchas personas llegan a Cristo luego de escuchar una presentación sencilla del evangelio con poca explicación o demostración adicional. Pablo escribe: «No me avergüenzo del evangelio, *porque es el poder de Dios* para salvación de todo aquel que cree» (Romanos 1.16). Las implicaciones de las palabras de Pablo son claras: el poder de Dios para salvación es mediante el evangelio solo, y se experimenta cuando tenemos fe en Cristo.

El contenido del evangelio, escribe Pablo en otra parte, es «que Cristo murió por nuestros pecados conforme a las Escrituras, que fue sepultado, que resucitó al tercer día conforme a las Escrituras» (1 Corintios 15.3-4), y que «al que no conoció pecado, por nosotros lo hizo pecado, para que nosotros fuésemos hechos justicia de Dios en Él» (2 Corintios 5.21). En la evangelización poderosa no le añadimos nada al evangelio, ni siquiera procuramos añadirle poder al evangelio. Pero sí acudimos al Espíritu Santo en nuestros esfuerzos evangelísticos, cooperando *conscientemente* con su unción, sus dones y su dirección. La predicación y la demostración del evangelio no son actividades mutuamente exclusivas; trabajan juntas, reforzándose la una a la otra.

Muchos de nosotros sospechamos de un relato en el cual se usa conocimiento sobrenatural de pecado personal en la evangelización. Eso demuestra cuánto se ha apartado el cristianismo en la sociedad occidental de las experiencias que ocurrieron en tiempos del Nuevo Testamento (Hechos 5.1-11). Sin embargo, si la evangelización poderosa está en la Biblia, ¿por qué no vemos más del mismo hoy día?

En realidad, la evangelización poderosa se practica en muchas partes del mundo. Una mirada más detenida a las regiones donde el cristianismo está en aumento muestra que la evangelización poderosa es un factor significativo en la mayoría de los ejemplos de crecimiento. A escala mundial, se calcula que un 70% de todo el crecimiento de iglesia es entre grupos pentecostales, carismáticos y de la Tercera Oleada.

C. Peter Wagner fue misionero en Bolivia durante dieciséis años. He aquí lo que aprendió sobre iglesias en crecimiento en las sociedades latinas:

> Mi trasfondo es el de un dispensacionalista evangélico de la Biblia Scofield. Se me enseñó que los dones del Espíritu no operaban en nuestra era; se fueron con la iglesia apostólica... [Todavía hoy] no me considero ni pentecostal ni carismático... Comencé a mirar a mi alrededor y a tratar de comprender el crecimiento de iglesia en América Latina. Para mi sorpresa, comencé a descubrir que las iglesias que más crecían eran las pentecostales.
>
> Mientras vivía en Bolivia viajé bastante a Chile y allí estudié el movimiento pentecostal. El entendimiento que adquirí mediante los pentecostales chilenos comenzó a abrirme a la validez de las señales, maravillas, sanidades y lenguas en nuestra época.

Es sorprendente su conclusión en cuanto a la clave para la evangelización eficaz, sobre todo cuando se considera que el doctor Wagner no es un pentecostal «típico»:

> Lo que veo, como imagen que empieza a distinguirse, es que hoy día a través del mundo entero hay una relación sorprendentemente íntima entre el crecimiento de iglesia y el ministerio de sanidad, de modo particular pero no exclusivo, en las nuevas zonas donde el evangelio acaba de entrar, donde el diablo ha reinado sin oposición durante siglos o milenios. Cuando el evangelio penetra inicialmente a una región, si no vamos con un entendimiento del poder sobrenatural del Espíritu Santo, y no usamos ese poder, simplemente no avanzamos mucho...
>
> [Por ejemplo], en Brasil el 40% de la población son espiritistas activos y otro 40% ha tenido algún tipo de experiencia con el

espiritismo. Allí la manera en que el evangelio se está difundiendo es mediante una confrontación: sanidades, milagros, señales y maravillas.[2]

Otro ejemplo de lo que el doctor Wagner describe es la Iglesia Yoido del Evangelio Completo, localizada en Seúl, Corea. Fue fundada el 18 de mayo de 1958, bajo la dirección de su carismático pastor, Paul Yonggi Cho. John Vaughan del *Megachurch Research Center* [Centro de investigación de megaiglesias] calcula que el total de su asistencia semanal en los cultos de adoración es 180.000. Incuestionablemente es la iglesia local más grande del mundo.[3]

«Recuerdo los días iniciales de la iglesia, conocidos entonces por su constante flujo del poder milagroso de Dios», dice el doctor John Hurston, quien ha estado con la Iglesia Yoido del Evangelio Completo desde su comienzo. Respondía a una pregunta acerca de la causa de su fenomenal crecimiento: «Quizá la respuesta... sea la continuación de una tendencia que Cristo modeló: "Las personas le trajeron a Jesús muchos que tenían demonios en ellos. Jesús sacó los espíritus malos con una palabra y sanó a todos los que estaban enfermos"» (véase Mateo 8.16).

La evangelización poderosa florece en los países que no están avanzados tecnológicamente. Las personas que viven en esos países muchas veces son animistas. Es decir, creen que hay espíritus que mantienen a las personas esclavizadas, y hace falta el poder sobrenatural del Espíritu Santo para quebrantar su poder. Un amigo mío del Seminario Teológico Fuller, el doctor Charles Kraft, cuenta de una visita a Nigeria en que intentó enseñarle el libro de Romanos a una pequeña tribu. Después de algunos meses, se le acercaron muy cortésmente y le dijeron que apreciaban su enseñanza pero que no era muy pertinente para sus necesidades. Lo que necesitaban era sabiduría para lidiar con los espíritus que todas las noches plagaban a los pobladores de la aldea. Kraft admitió de inmediato que estaba preparado para eso. En tales circunstancias no es de extrañar que más de la mitad de los misioneros estadounidenses vuelven a su patria después de solo un período de servicio.

La evangelización poderosa ha avanzado algo en las sociedades occidentales. Por ejemplo, un censo reciente indica que la asistencia a los cultos podría estar aumentando en Inglaterra, donde la iglesia está creciendo por vez primera en este siglo. De acuerdo con Clive Calver, director de la Alianza Evangélica, gran parte del aumento ocurre entre evangélicos. Ellos han experimentado un crecimiento de un 13% durante los últimos ocho años, que ahora suma 1.6 millones. Y, como el crecimiento en otras partes del mundo, la evangelización poderosa es un factor significativo. Calver informa que la mitad de los evangélicos son carismáticos, y hasta un 80% de los líderes jóvenes evangélicos se identifican como carismáticos.[5]

Debido a que los cristianos occidentales se sienten cohibidos en cuanto a la práctica de la evangelización poderosa, disminuye su eficiencia. Eso los hace ineficientes al lidiar con personas que tienen problemas con demonios, enfermedades y pecados serios. Aun así, la evangelización poderosa es relativamente nuevo y controversial entre los cristianos de la cultura occidental. El próximo capítulo trata acerca de cómo aprendí la evangelización poderosa.

~DOCE~

Cómo descubrí la evangelización poderosa

Me convertí a Cristo en 1963 mediante el ministerio de Gunner Payne, un hombre cuyo celo por Jesucristo lo llevó a hablarle del evangelio a cualquier cosa que respirara. Iba de puerta en puerta de nuestro vecindario de Yorba Linda, contándole prácticamente a cada residente sobre la salvación en Jesucristo. La mayoría de las noches de la semana enseñó estudios bíblicos evangelísticos, respondiendo pacientemente a las preguntas de los interesados hasta muy avanzada la noche. Mi esposa Carol y yo fuimos el fruto de uno de esos estudios.

Durante el primer año de mi vida cristiana seguí a Gunner por todas partes, aprendiendo todo lo que hacía. Parte de eso incluía el hablarles a las personas sobre Jesús. No podía ir a un mercado ni a una ferretería sin evangelizar a alguien. Para el final del año yo también estaba enseñando estudios bíblicos evangelísticos. Entre 1963 y 1970 Carol y yo habíamos guiado a centenares de personas a Cristo, y para 1970 conducía varios estudios bíblicos semanales, con la participación de más de quinientas personas. Fui nombrado pastor de la Iglesia de los

Amigos de Yorba Linda en 1970, porque habíamos traído tantos nuevos cristianos a la iglesia. Verdaderamente eran nuestras ovejas. Serví como pastor hasta 1974.

La mayoría de las personas que guié a Cristo desde 1963 hasta 1974 vinieron en circunstancias «normales», al menos según los criterios típicos de evaluación evangélica: prediqué el evangelio y respondí a algunas preguntas, y se arrepintieron y confiaron en Jesucristo. Pero de cuando en cuando llevaba a alguien a Cristo de manera extraña. En algunas ocasiones recibí sorprendentes conocimientos sobre sus vidas (por ejemplo, conocimiento de un grave pecado específico o de un dolor profundo), y en otras ocasiones experimenté lo que parecía una fuerza sobrenatural que salía mientras hablaba y llevaba a las personas a Dios. Cuando le describía estas experiencias a los colegas, ellos me animaban a no hablar sobre ellas. Mis colegas se sentían incómodos (¡igual que yo!), y sentí que perdería mi reputación si los demás líderes se enteraban de eso. No podían explicar lo que sucedió. Casi todos le tememos a lo desconocido.

En 1974 abandoné el pastorado para convertirme en director fundador del Departamento de Crecimiento de Iglesia en lo que ahora se llama el Instituto Charles E. Fuller de Evangelización y Crecimiento de Iglesia. Durante los próximos cuatro años les enseñé a varios miles de pastores los principios de crecimiento de iglesia, viajando por los Estados Unidos y visitando docenas de denominaciones. Durante ese tiempo llegué a conocer a algunos pentecostales, una parte de la Iglesia de la cual anteriormente conocía poco. La mayoría de lo que sabía era impreciso. Los grupos más notables eran la Iglesia de Dios (Cleveland, Tennessee), las Asambleas de Dios, y la Iglesia Internacional Pentecostal de Santidad. Cada grupo experimentaba crecimiento extraordinario. Se lo atribuían a la combinación de la proclamación del evangelio con las obras de poder del Espíritu Santo.

Debido a mi orientación teológica, era escéptico en cuanto a sus afirmaciones de sanidad. Pero no podía pasarlas por alto debido a su innegable crecimiento. Así que visité sus librerías y recogí literatura escrita por o sobre hombres como John G. Lake, William Branham, F.F. Bosworth, John Alexander Dowey, y así por el estilo. Aunque sus escritos no me convencieron de que tenían gran conocimiento teológico, sí me convencieron de que no eran fraudes. Y me hicieron pensar en mis inexplicables experiencias evangelísticas anteriores. Comencé a percatarme de que quizás algunas de mis experiencias estaban relacionadas de alguna manera con el ministerio del Espíritu Santo.

Mientras sucedía eso, comenzaba a trabajar en la Escuela de Misiones Mundiales de Fuller, donde era profesor adjunto. En Fuller tuve el privilegio de conocer a profesores como Donald McGavran, Charles Kraft, Paul Hiebert, C. Peter Wagner y Russell Spittler de la Escuela de Teología. También se me presentaron los escritos de George Eldon Ladd, específicamente su trabajo sobre el Reino de Dios. Los cursos de seminario y los informes de señales y maravillas del Tercer Mundo ablandaron mi corazón considerablemente hacia el Espíritu Santo y los dones carismáticos, especialmente en su relación con la evangelización.

Además, en Fuller conocí a muchos pastores del Tercer Mundo que informaban de espectaculares ejemplos de señales y maravillas y crecimiento de iglesia. Al principio los pastores se quedaron callados, pero cuando los interrogué, contaron relatos sorprendentes. Me percaté de que el poder de Dios estaba obrando en el Tercer Mundo de formas que no creía posible hoy día. Por otro lado, sus experiencias palidecieron mis encuentros evangelísticos inexplicables. Para ese entonces me sentí obligado a volver a examinar las Escrituras, estudiando minuciosamente la relación entre los dones espirituales y la evangelización.

Cuando acudí a la Biblia traté de responder a tres preguntas. En primer lugar, ¿cómo evangelizó Jesús? En segundo lugar, ¿cómo comisionó Jesús a los discípulos? En tercer lugar, en vista de su comisión, ¿cómo evangelizaron los discípulos?

*   *   *

1. *¿Cómo evangelizó Jesús?* Citando de Isaías 61.1-2, Jesús al comienzo de su ministerio público proclamó en la sinagoga en Nazaret, su pueblo natal:

> El Espíritu del Señor está sobre mí,
>   por cuanto me ha ungido
>   para dar buenas nuevas a los pobres;
> me ha enviado a sanar a los quebrantados de corazón;
>   a pregonar libertad a los cautivos,
>   y vista a los ciegos;

a poner en libertad a los oprimidos;
a predicar el año agradable del Señor . . .
Hoy se ha cumplido esta Escritura delante de vosotros.

(Lucas 4.18-19, 21)

Tal y como escribí en la primera parte, a través de los Evangelios se desarrolla una doble función del ministerio que Jesús repitió por donde quiera que fue. En primer lugar, *proclamación*: predicó el arrepentimiento y las buenas nuevas del Reino de Dios. En segundo lugar, *demostración*: expulsó demonios, sanó a los enfermos y levantó a los muertos, lo que probó que Él era la presencia del reino, el Ungido.

De cuando en cuando los Evangelios resumen su ministerio. Es particularmente interesante leer lo que Mateo consideraba más significativo sobre el ministerio de Cristo:

> Y recorrió Jesús toda Galilea, enseñando en las sinagogas de ellos, y predicando el evangelio del Reino, y sanando toda enfermedad y toda dolencia en el pueblo. Y se difundió su fama por toda Siria; y le trajeron todos los que tenían dolencias, los afligidos por diversas enfermedades y tormentos, los endemoniados, lunáticos y paralíticos; y los sanó. Y le siguió mucha gente de Galilea, de Decápolis, de Jerusalén, de Judea y del otro lado del Jordán.
>
> (Mateo 4.23-25; véase también 9.35-36)

Aquí vemos de nuevo la función de la proclamación combinada con la demostración del Reino de Dios, resultando en enormes muchedumbres y muchos seguidores. En la manera rabínica de pensar, lo que uno hacía era tan importante como lo que uno creía. Jesús le comunicó a sus discípulos su vida y *su manera de vivir*. La mayoría de las personas pueden entender cómo Jesús podía predicar y demostrar el Reino de Dios. Después de todo, era Dios en forma humana. Dios sana, expulsa demonios y vence todas las manifestaciones del mal. Pero ¿y los discípulos?

2. *¿Cómo comisionó Jesús a los discípulos?* Durante tres años Jesús les enseñó a los discípulos cómo servir con corazones compasivos y misericordiosos, cómo escuchar al Padre, cómo crecer en dependencia del Espíritu Santo, cómo ser obedientes a la dirección de Dios y cómo creer que Dios realiza milagros por medio de hombres y mujeres. Su

comisión después de la resurrección, tal y como se narra en Mateo 28.18-20, reafirma lo que les enseñó:

> Y Jesús se acercó y les habló diciendo: Toda potestad me es dada en el cielo y en la tierra. Por tanto, id, y haced discípulos a todas las naciones, bautizándolos en el nombre del Padre, y del Hijo, y del Espíritu Santo; enseñándoles que guarden todas las cosas que os he mandado; y he aquí yo estoy con vosotros todos los días, hasta el fin del mundo. Amén.

Note los tres objetivos:

1. Hacer discípulos de entre todas las naciones;
2. Bautizarlos (traerlos a la iglesia);
3. Enseñarles obediencia a la Palabra de Dios (discipulado).

Jesús los comisionó para que llevaran a las personas al Reino de Dios. Esta es una «conversión al Reino», en la cual las personas llegan a una nueva realidad, una realidad en la cual lo «sobrenatural» es bastante natural. Vista de esta manera, la conversión implica un cambio *en la persona* («nacer de nuevo») y un cambio de ciudadanía (abandonar el reino de Satanás y entrar en el Reino de Dios; cf. 2 Co 5.16-17).

La meta de hacer discípulos obedientes que están integrados al cuerpo de Cristo es un elevado ideal que es imposible sin Dios. Por eso Cristo prometió ayuda para cumplir la tarea: «Pero recibiréis poder, cuando haya venido sobre vosotros el Espíritu Santo, y me seréis testigos en Jerusalén, en toda Judea, en Samaria, y hasta lo último de la tierra» (Hechos 1.8).

La promesa del Espíritu Santo estaba implícita en la gran comisión de Mateo 28.18-20, donde, precisamente antes de llamar a los once para que hicieran discípulos, Jesús dijo: «Se me ha dado toda *autoridad* en el cielo y sobre la tierra» (Mateo 28.18b). Y entonces, luego de comisionarlos, dijo: «De cierto, de cierto, os digo que siempre estaré con vosotros, hasta el fin del mundo» (Mateo 28.20b). Aquí la palabra griega para autoridad, *exousia*, denota poder que se le dio divinamente a Jesús. Mediante la habitación del Espíritu Santo los discípulos recibieron la autoridad de Cristo, que es la autoridad del Padre.

Cuando Jesús los comisionó para hacer y bautizar discípulos, ellos entendieron que habrían de salir y hacer exactamente lo que Jesús les había mostrado. ¿De qué otro modo hemos de interpretar su comportamiento posterior? Eso me lleva al próximo punto.

3. *¿Cómo respondieron los discípulos a la gran comisión?* Un antiguo refrán dice: «El movimiento se demuestra andando». Eso sin duda se aplica a la gran comisión, porque una inspección minuciosa del libro de Hechos revela que los discípulos salieron y difundieron las buenas noticias de la misma manera que Cristo: combinando la proclamación con la demostración del Reino de Dios. Los apóstoles no solo enseñaron lo que escucharon, sino que hicieron lo que Jesús hizo.

Al comienzo de Hechos, Lucas dice que el propósito de su Evangelio había sido escribir sobre todo lo que Jesús hizo y enseñó (Hechos 5.1). En Hechos, Lucas continúa el relato de las obras y la enseñanza de Jesús, aunque ahora lo hacen los discípulos (Hechos 1.8). Él implica claramente que la continuación del ministerio de Jesús mediante los discípulos era la continuación del ministerio de Jesús en la tierra, el cumplimiento de la gran comisión. Dése cuenta también de que la evangelización poderosa fue más allá de la primera generación de discípulos. Ellos eran los apóstoles. Entonces una segunda generación, Esteban, Felipe y Ananías, ninguno de ellos apóstoles, proclamaron y demostraron el Reino (Hechos 7;8.26—40;9.10-19). Bernabé, Silas y Timoteo representaron una *tercera generación* de los que realizaron obras de poder. Por último, en cada siglo de la historia de la Iglesia tenemos informes confiables de obras de poder.

La clave para su promoción del Reino de Dios era el derramamiento del Espíritu Santo en Hechos 2. Cuando el Espíritu vino sobre ellos, los discípulos recibieron el poder de Dios. Ahora podían hacer obras de poder y predicar con poder.

Había al menos diez clases de señales en el libro de Hechos que produjeron crecimiento evangelístico en la Iglesia. En nueve ocasiones se les llamó específicamente «señales y maravillas». Se incluye la sanidad, la expulsión de demonios, la resurrección de muertos, el estruendo «como de un viento recio que soplaba» desde el cielo, el fuego sobre la cabeza de las personas, lenguas, y el ser trasladado de un lugar a otro. Hechos 2.42-47; 4.32-35 y 5.12-14 resume el ministerio de los discípulos de manera parecida a Mateo 4.23-25, un pasaje que resume el ministerio de Cristo. Hechos 5.12-14 dice: «Y por la mano de los apóstoles se hacían muchas señales y prodigios en el pueblo; y estaban todos unánimes en el pórtico de Salomón. De los demás, ninguno se atrevía a juntarse con ellos; mas el pueblo los alababa grandemente. Y los que creían en el Señor aumentaban más, gran número así de hombres como de mujeres». En el libro de Hechos hay catorce ocasiones en que predicaron tanto los que eran apóstoles como a los que no lo eran, en que se realizaron obras de poder y se obtuvo un crecimiento de iglesia significativo.[1]

Las experiencias en Fuller y en el campo, combinadas con una reevaluación de las Escrituras, me llevó a comenzar a orar por los enfermos. Lo que ocurrió entonces es el tema del próximo capítulo.

TRECE

Una iglesia creciente

*E*n 1978 Dios me habló en cuanto a volver al pastorado, algo que me puso bastante ansioso. Pero con el ánimo de mi esposa y de Peter Wagner, renuncié a mi cargo en el Instituto de Evangelización y Crecimiento de Iglesia y regresé al pastorado, un pastor díscolo que iba a servir un minúsculo rebaño.

Comenzamos con unas cincuenta personas en reuniones hogareñas en las que adorábamos a Dios, estudiábamos la Biblia, cantábamos y orábamos. Para nuestro segundo año habíamos llegado a tener más de doscientos miembros y nos reuníamos en el gimnasio de una escuela secundaria. (Luego adoptamos el nombre de *Vineyard Christian Fellowship*). En nuestro primer año no experimentamos las señales y maravillas descritas en el Nuevo Testamento. Al año siguiente comencé una serie de sermones basados en el Evangelio según San Lucas. Este está lleno del ministerio de sanidad de Jesús; me vi obligado a comenzar a enseñar sobre el tema.

Pronto estaba orando por los enfermos, no porque hubiera visto a los enfermos sanados sino porque eso era lo que la Biblia enseñaba que se les debía hacer a los cristianos. Durante el transcurso de los siguientes diez meses, semana tras semana, oré por las personas, y ni un sola persona se sanó. La mitad de los miembros de la iglesia se marcharon. Continué predicando y orando por sanidad porque durante ese período (cuando quería rendirme) Dios me habló claramente: «No prediques tu experiencia. Predica mi palabra». Aunque continué sonando tonto por la falta de resultados, no dejé de predicar sobre el deseo de Dios de sanar hoy. (No estaba afirmando que había personas sanadas que no lo habían sido, solo que, basado en la Biblia, más personas debieran ser sanadas).

Durante este tiempo el Señor me enseñó varias cosas. En primer lugar, demoré meses percatarme de que si en la Biblia se encontraba una experiencia como la sanidad de manera tan común pero no era parte de mi experiencia, algo andaba mal con la forma en que la enfocaba. Antes había pensado que Dios no me escuchaba.

Di por sentado que el estudio bíblico, sobre todo como se enseña en los seminarios evangélicos, era la clave para estar preparado y fortalecido para hacer la obra de Dios. En realidad, me daría cuenta de que, para estar preparado, hacía falta algo más que el estudio bíblico. Todavía creo en la importancia y la necesidad de la educación, pero ya no lo veo como el único medio para estar preparado y fortalecido a fin de hacer la obra de Dios.

En segundo lugar, llegué a conocer varios tipos de fe y me di cuenta de que frecuentemente no buscaba fe para los milagros. Como evangélico, veía el crecimiento personal cristiano organizado por dos componentes: la fe doctrinal y la fidelidad. La fe doctrinal viene mientras crecemos en el entendimiento de la doctrina o la enseñanza correcta. Sabemos que estamos creciendo en fe doctrinal al crecer intelectualmente en conocimiento acerca de Dios, su naturaleza, su carácter, cómo actúa, y así por el estilo. La fidelidad es crecimiento del carácter o el desarrollo del fruto del Espíritu en nuestra vida (Gl 5.22-23). Y esencialmente encontré que eso era cierto, pero incompleto.

A lo largo de ese período de diez meses conocí otra dimensión del crecimiento cristiano, un ejercicio de fe para milagros como la sanidad, las palabras de conocimiento, y así por el estilo. (Quizás esa sea la «fe» descrita en 1 Co 12.9). La clave para esto fue aprender cómo saber cuando la unción de Dios había llegado para una tarea como la sanidad en una situación particular.

El énfasis en el conocimiento doctrinal y el desarrollo del carácter es bueno; esta otra dimensión del crecimiento cristiano añade mucho más. Para mí esta fue una lección difícil de aprender, lo cual explica por qué no sucedió nada por muchos meses.

Al final de ese período de diez meses, cuando estaba en mi peor momento, se sanó una mujer. Su esposo me había llamado y me pidió que viniera a orar por ella ya que estaba muy enferma. La sanidad sucedió después que orara por ella y comenzara una explicación bien ensayada para su esposo sobre por qué era probable que no fuera sanada. Durante mi explicación salió de la cama completamente bien. Eso fue el comienzo de un chorrito que pronto se convirtió en un arroyo.

Hoy vemos personas sanadas cada mes en los cultos de *Vineyard Christian Fellowship*. Otros son sanados cuando oramos por ellos en hospitales, en las calles, y en los hogares. Hemos visto a ciegos ver, a lisiados caminar, y a sordos oír.

De más importancia para mí, como pastor, las personas están llevando la sanidad y otros dones sobrenaturales a las calles, llevando a Cristo a muchos que de otra manera no estarían abiertos al mensaje del evangelio. Calculo que un veinte por ciento de nuestras personas ven a alguien regularmente sanado mediante sus oraciones. Los dones no están limitados a los cultos de la iglesia. Son herramientas empleadas para alcanzar a los perdidos.

D. Martyn Lloyd-Jones, en su libro, *Joy Unspeakable* [Gozo indescriptible], señala que en el libro de Hechos la relación entre la unción del Espíritu Santo y la evangelización es sorprendente: «Vaya a través de los Hechos y en cada ocasión en que se nos dice que el Espíritu vino sobre estos hombres o que fueron llenos del Espíritu, encontrará que era para evangelizar y dar testimonio».[1]

Desde 1978 las congregaciones *Vineyard Christian Fellowship* han crecido hasta alcanzar quinientas en ocho países, con más de cien mil miembros. Muchos de nuestros miembros son conversos nuevos (en su mayoría jóvenes) que experimentaron un encuentro de poder.

Las congregaciones *Vineyard Christian Fellowship* no son las únicas iglesias que han descubierto la evangelización poderosa. Otras como la Iglesia Anglicana San Andrés en Chorleywood, Herts, Inglaterra; la Iglesia Bautista Gateway en Roswell, Nuevo México; el Centro Cristiano Crenshaw en Los Ángeles, California; y Nuestra Dama del Perpetuo Socorro en Boston, Massachusetts, han experimentado crecimiento sorprendente, tanto en números como en la madurez de sus miembros. Cada una tiene un ministerio continuo de señales y maravillas.

La evangelización poderosa no está excluido de cultura alguna. Hemos visto que puede florecer en las sociedades occidentales con los mismos resultados que sucedieron durante el primer siglo o como se informa hoy día en África, América Central y América del Sur, y Asia.

*   *   *

Poco después que Jesús resucitó a un hombre muerto en la ciudad de Naín, Juan el Bautista envió a dos de sus discípulos a preguntarle: «¿Eres el que ha de venir, o debemos esperar a otro?» (Lucas 7.19). Jesús no respondió proveyendo una serie de pruebas lógicas a la forma en que están acostumbrados los cristianos occidentales. En lugar de eso, confirmó su ministerio desde la perspectiva de una demostración de poder del Reino de Dios. Jesús demostró que era el Mesías por las obras que hizo cumpliendo las profecías del Antiguo Testamento (en este sentido, hay lógica y racionalidad en su respuesta a los discípulos de Juan): «Id, haced saber a Juan lo que habéis visto y oído: los ciegos ven, los cojos andan, los leprosos son limpiados, los sordos oyen, los muertos son resucitados, y a los pobres es anunciado el evangelio» (Lucas 7.22). Jesús les estaba diciendo a los discípulos que tranquilizaran a Juan mediante lo que habían visto y oído, la sanidad de los enfermos, la expulsión de los malos espíritus, y la resurrección de los muertos.

Estos no fueron acontecimientos esporádicos en el ministerio de Cristo. Un examen minucioso de la Biblia revela que Jesús pasó más tiempo sanando y expulsando demonios que predicando. De los 3.774 versículos en los cuatro Evangelios, 484 (12% del total) se relacionan específicamente con la sanidad de enfermedades físicas y mentales y la resurrección de los muertos. Salvo los relatos de los milagros en general, la cantidad de atención dedicada al ministerio de sanidad de Jesús es mucho mayor que la dedicada a cualquier otro aspecto de su ministerio. Los discípulos de Juan hubieran entendido de los profetas del Antiguo Testamento como Isaías que la presencia del Mesías, la personificación del Reino de Dios, se demostraba en encuentros de poder. La Iglesia primitiva era eficiente porque entendía la evangelización como la atestiguación del hecho de que Cristo era el cumplimiento de la promesa del Mesías, con poderosas demostraciones del Reino de Dios que confirmaban su mensaje.

«Paz a vosotros. Como me envió el Padre, así también yo os envió. Y habiendo dicho esto, sopló, y les dijo: Recibid el Espíritu Santo» (Juan 20.21-22). Anteriormente, luego de retar a Tomás a creer en Él basándose en sus milagros, había dicho: «Creedme que yo soy en el Padre, y el Padre en mí; de otra manera, creedme por las mismas obras. De cierto, de cierto os digo: El que en mí cree, las obras que yo hago, él las hará también; y aun mayores hará, porque yo voy al Padre» (Juan 14.11-12). Parece que Jesús concebía un grupo de personas, sus discípulos, que realizarían no solo esos milagros sino mayores que los que Él hizo. El único obstáculo para recibir este poder es la falta de fe: «*Todo aquel* que tenga fe en mí...» La intención de Cristo era que el Reino de Dios fuera difundido por otros de la misma manera que Él lo hizo, mediante la evangelización poderosa.

Evangelización poderosa

Lea *La evangelización poderosa*, Tercera parte, capítulos 10—13.

Propósito

En esta sesión aprenderá a comunicar el evangelio con sus propias palabras. Su meta es aprender a contar su experiencia al llegar a Cristo de manera humilde, sincera y natural.

Proyecto

Escriba su testimonio de tres minutos. Quienquiera que se haya ofrecido voluntariamente a escribir su testimonio de tres minutos la semana anterior puede leerlo para que el grupo tenga alguna idea de cuál es la meta.

Un ingrediente importante en la comunicación del evangelio es decir quién es usted y cómo llegó a creer en Cristo. Su vida hace creíble el evangelio a los que no son cristianos, y es el primer paso en el testimonio. ¡También es fácil de hacer!

Escriba su testimonio en no más de una página (es decir, de 250 a 300 palabras de extensión). Escriba en un estilo conversacional, como si le estuviera hablando a un amigo. Nadie más va a leerlo o corregirlo, así que no se preocupe por la gramática ni la ortografía. Hable con naturalidad. Procure contar, en no más de tres minutos, cómo llegó a Cristo.

He aquí algunas sugerencias que debe tener en cuenta mientras escribe.

- Tenga presente cuál es el contenido del evangelio, concentrándose especialmente en la obra de Cristo en la cruz.
- Escriba en primera persona, empleando «yo» o «mi».
- Escriba de tal manera que otros puedan identificarse con usted.
- Ofrezca suficientes detalles como para despertar el interés.
- Trate de usar la Biblia, iluminándola con algo que le sucediera a usted. Cítela de memoria.
- No se exceda. Recuerde que lo máximo son tres minutos.
- No se concentre en lo malo que era usted. La meta es hablar del Rey y del Reino de Dios.
- No presente su vida como un «lecho de rosas». Sea sincero. Si el que lo escucha conoce a otros cristianos, sabrá que no somos perfectos.
- Si alcanzó la salvación siendo adulto, es más razonable escribir un testimonio «cronológico». Se dirá cómo era antes de venir a Cristo, cómo se convirtió, y cómo ha cambiado su vida desde que creyó en Cristo.
- Si la alcanzó siendo niño, el testimonio «temático» probablemente es el mejor. El método temático se enfoca en cómo Cristo ha cambiado las cosas al ocuparse de un problema o reto en su vida. El énfasis es en cómo Cristo puede satisfacer nuestra necesidades y darnos propósito para la vida.

Ensayo de cómo dar testimonio

Divídanse en parejas y cuenten sus testimonios. La persona que escucha debe comentar sobre su claridad, naturalidad, y así por el estilo. Procure hablar sin mirar las palabras escritas. La persona a quien le «da testimonio» puede interrumpir y hacer preguntas.

Plan de acción

Repase su lista de cinco personas de la semana anterior, añadiendo o quitando cualquier nombre. En la columna contigua a cada nombre escriba las barreras clave que anotó en la lista la semana pasada; entonces ore acerca de cómo debiera «ajustarse» su testimonio para vencer esas

barreras. Por último, ore por cada persona diariamente, pidiéndole a
Dios la oportunidad de contarle su testimonio a uno de ellos esta semana.

NOMBRE	BARRERAS
1.	
2.	
3.	
4.	
5.	

Para la semana próxima

Dispóngase a contarle al grupo su experiencia evangelística.

Lea *La evangelización poderosa*, Cuarta parte, capítulos 14—17.

La cita divina

CATORCE

El libro de citas de Dios

*H*abía sido un día largo en la oficina, lleno de reuniones y fechas límite que dejan a los editores ansiosos por una sola cosa: llegar a casa y descansar con su familia. Mientras Kerry Jennings (no es su verdadero nombre) viajaba por la autopista rumbo su casa en las afueras de la ciudad, comenzó a orar, una costumbre que cultivó para redimir las horas invertidas en congestiones de tránsito. Intercedió por su familia, sus compañeros de trabajo y sus amistades. Oró por un artículo que estaba escribiendo. Entonces comenzó a pedirle a Dios que diera oportunidades para la evangelización personal. De pronto comenzó a pensar de manera extraña, con la correspondiente paz que indicaba que el Señor respondía a sus oraciones. Antes había actuado basándose en ese tipo de pensamiento, y casi siempre viendo a Dios obrar por medio de él.

Dios le dijo a Kerry que se detuviera en un restaurante conocido, que buscara a cierta moza, y le dijera que «Dios tenía algo para ella». Además, Dios dijo que lo que tenía para la moza le sería revelado cuando Kerry hablara con ella. Aunque se sentía incómodo, Kerry respondió a la instrucción, dirigiendo su auto hacia el restaurante.

Hizo eso porque sentía que Dios había acordado una cita divina. Una *cita divina* es un tiempo señalado en el cual Dios se revela a un individuo o un grupo mediante los dones espirituales u otros fenómenos espirituales. Dios arregla estos encuentros, son las reuniones que ha ordenado para demostrar su Reino (Efesios 2.10).

Después de sentarse en la sección de la moza, Kerry comenzó a pensar en todas las razones por las que no debía dar el mensaje. Mientras estaba en su ansiedad, ella se acercó. Antes que pudiera decir algo, ella dijo alegremente: «Usted tiene algo para mí, ¿no es así?» Como respuesta (ya se había desvanecido su resistencia), él le dijo que Dios lo había enviado específicamente con algo, y entonces se le revelaron sobrenaturalmente dos conocimientos acerca de su trabajo y una relación (ambas cosas eran esferas problemáticas para ella). Pidiéndole a Dios valor, se lo dijo a ella.

Ella quedó asombrada. Sabía que estaba encontrándose con Dios porque la única forma de que Kerry supiera las cosas que le dijo era gracias a medios sobrenaturales. (En la Biblia eso se llama «una palabra de conocimiento» o «mensaje de sabiduría»; véase 1 Co 12.8). Al final de la conversación oraron. Ella lloró. Luego Kerry se enteró de que era hija de un pastor cristiano, ahora muerto, y que se había apartado de Dios. Poco después de la cita divina le dio su corazón a Dios.

Las citas divinas son una parte integral de la evangelización poderosa. Personas que de otra manera resistirían oír al evangelio se abren instantáneamente a la palabra de Dios. A veces hasta las personas más hostiles acuden a Dios cuando se satisface una necesidad significativa.

*   *   *

«Estad siempre preparados para presentar defensa con mansedumbre y reverencia ante todo el que os demande razón de la esperanza que hay en vosotros» (1 Pedro 3.15). Es decir, cada cristiano siempre debe prepararse a proclamar el camino de salvación. Sin embargo, lo que describo en cuanto a las citas divinas va más allá de la simple explicación del evangelio. Aunque la proclamación es un elemento importante de las citas divinas, sería engañoso considerarlas solamente como oportunidades para explicar el camino de salvación.

Por ejemplo, en Lucas 19.1-10, encontramos el relato de Jesús pasando por el pueblo de Jericó. Su encuentro con Zaqueo, el publicano bajito y poco popular, es una excelente ilustración de una cita divina.

Al verlo, Jesús dijo: «Zaqueo, baja inmediatamente. Hoy debo quedarme en tu casa». Entonces Zaqueo dijo: «Mira, Señor, ahora voy a darle la mitad de mis posesiones a los pobres, y de haberle robado algo a alguien, le pagaré cuatro veces esa cantidad». ¿Qué podría explicar la asombrosa respuesta de Zaqueo a una petición tan sencilla?

En primer lugar, Jesús lo llamó por su nombre. No hay indicio en la Biblia de que Jesús conociera anteriormente a Zaqueo. Aquí Jesús estaba haciendo lo que el Espíritu Santo capacita a los cristianos a hacer mediante una palabra de conocimiento, lo que hizo Kerry Jennings cuando le habló a la moza. En segundo lugar, Zaqueo era odiado por la gente del pueblo; como recaudador de impuestos le quitaba a los judíos para dárselo a los romanos, quedándose con todo lo que excediera los requisitos romanos (que por lo regular era una suma considerable de dinero). Es probable que tuviera pocas amistades. Tenía una profunda necesidad de aceptación y compañerismo humano. Jesús se le acercó y le comunicó, mediante una sencilla petición de hospitalidad, que lo amaba y lo aceptaba.

Revelación sobrenatural. La satisfacción de una necesidad humana. No es sorprendente que se salvara Zaqueo, ya que se había vencido toda la resistencia.

También hay otras lecciones que aprender del relato de Zaqueo. Muchas veces, Dios obra milagros de maneras bastante inesperadas. Zaqueo se subió al árbol para ver a Cristo más claramente, pero al hacerlo fue visto más claramente por Dios. En este aspecto, las citas divinas tienen un aire providencial, un descubrimiento sorprendente del favor divino.

*　　*　　*

En la Biblia las ilustraciones sobre encuentros sobrenaturales como estos no son algo fuera de lo común. Otro ejemplo, quizás el más asombroso en la Biblia, es el llamado de Natanael en el primer capítulo del Evangelio según San Juan.

Con demasiada frecuencia los cristianos occidentales evangelizan con una manera de pensar que omite lo sobrenatural. Operamos con esa mentalidad porque no estamos conscientes de los impulsos sobrenaturales del Espíritu Santo. ¿Ha experimentado en alguna ocasión impulsos o pensamientos parecidos a los de Kerry Jennings, solo para rechazarlos como resultado de una mala taza de café? ¿Ha experimentado en algún momento destellos de conocimiento al hablar con alguien en que sabía cuál era su problema o necesidad antes que la persona se lo dijera, solo para rechazarlo luego como algo afortunado? De ser así, quizá de ahora en adelante debe escuchar más atentamente a la voz de Dios, saliendo en fe cuando sienta esos impulsos.

A veces nos perdemos las citas divinas porque no entendemos cómo el Espíritu Santo lleva a la mayoría de las personas al Reino, y lo importante que es *el sentido del momento* para nuestra parte en ese proceso. Vamos a examinar más detenidamente los procesos de conversión en el próximo capítulo.

QUINCE

El proceso de la conversión

*L*a evangelización es un proceso complejo en que el Espíritu Santo obra en el corazón y la mente de las personas. La comunicación es central para este proceso. Viggo Sogaard ofrece un modelo (desarrollado en 1970 en un seminario en Bangkok, véase la página siguiente) de las diversas etapas por las que muchas veces pasan las personas para llegar a la plena madurez en Cristo (las letras no son marcas para las etapas sucesivas; solo procuran indicar una progresión o una escala).

Al comentar sobre ese modelo, Sogaard dice:

> Debe señalarse que el modelo indica etapas, que en sí mismas son procesos. La cosecha se indica como un proceso, y el modelo tiene un «punto de conversión» solamente como ilustración. El punto de decisión pudiera ser en casi cualquier punto de la escala; pero la experiencia indica que las conversiones que son genuinas y duraderas por lo general ocurren después que una persona entienda las características fundamentales del evangelio. Por lo tanto, las conversiones por lo general ocurren en la etapa indicada como cosecha.[1]

S	A	No sabe absolutamente nada sobre el evangelio
I		
E	D	Oye el evangelio por primera vez
M		
B	G	Entiende algunas de las características fundamentales del evangelio
R		
A	J	Entiende las implicaciones del evangelio y del camino de salvación
C	M	
O		
S	N	
E		Decisión
C	O	
H		
A	R	
R		
E		
F		Cristiano nuevo
I		
N	U	Cristiano maduro y líder laico
A		
M	X	Líder maduro y preparado que puede enseñarles a otros
I		
E	Z	
N		
T		
O		

La meta del proceso de la evangelización es mover a las personas por la escala de la A a la Z, no solo a una experiencia de conversión personal sino también a una madurez en Cristo.

Pero este modelo para entender el proceso de conversión es deficiente. En el proceso también es significativa una segunda dimensión: las actitudes de las personas. James F. Engel en su «Escala de Engel» muestra cómo las actitudes afectan el proceso de la evangelización basándose en investigaciones seculares sobre las actitudes en los negocios y la política.[2] La Escala de Engel integra conocimiento, creencia, actitud, intención y el proceso de tomar decisiones para ayudarnos a entender la conversión. (C. Peter Wagner añade a la Escala de Engel las etapas del adiestramiento para el discipulado y el testimonio en la palabra y la manera de vivir para Cristo).

Casi todos los cristianos desconocen la Escala de Engel y mueven a los que no son cristianos indiscriminadamente a través de esa escala. Por ejemplo, si hablamos con una persona que casi no tiene conciencia de que hay un Ser Supremo (-8 en la Escala de Engel) de la misma manera que hablamos con alguien que comprende las implicaciones personales del evangelio (-5), hablaremos un mensaje que no puede entender. Por supuesto, el adiestramiento pobre o la falta del mismo en la evangelización personal es una razón primordial para que los cristianos perciban incorrectamente las actitudes y la manera de pensar de los no cristianos.

La evangelización poderosa se sobrepone a gran parte de la resistencia que proviene de la ignorancia o de las actitudes negativas; es decir, mueve a las personas por la Escala de Engel rápidamente, superando especialmente las actitudes negativas hacia el cristianismo. Al penetrar el corazón interno y la conciencia, Dios vence la resistencia con lo sobrenatural; resistencia que, para ser vencida, podría tomar toda una vida, si no más, de solo emplear métodos racionales.

La evangelización poderosa no es anti-racional. Si las personas han de convertirse, necesitan conocer lo esencial del evangelio, que son pecadores necesitados de la gracia de Dios, y que la gracia, que viene del sacrificio de Cristo en la cruz, se experimenta mediante la fe en Cristo. Pero hablarle sencillamente a los incrédulos sobre Cristo no significa necesariamente que creerán. Sin embargo, demostrar el evangelio mediante los dones del Espíritu apoya nuestro mensaje, haciendo muchas veces innecesarios los argumentos extensos, de modo que los incrédulos conocen el amor y el poder de Dios. Así, al fomentar tanto información como demostración de poder, podemos mover con eficiencia a las personas a través de la Escala de Engel.

*　　*　　*

Hace varios años, cuando la *Vineyard Christian Fellowship* se reunía en un gimnasio de una escuela secundaria, una pareja de edad madura que andaba caminando entró en la reunión. Había visto autos estacionados fuera de la escuela y sintieron curiosidad en cuanto a la reunión; jamás sospecharon que era una reunión eclesial. No conocían prácticamente nada sobre el cristianismo.

Encontraron un asiento en la parte trasera del cuarto (habíamos comenzado a adorar y estábamos cantando), y en unos dos o tres minutos comenzaron a llorar. ¡Ni siquiera sabían de qué se trataba la reunión! Simplemente les agradó la música y sintieron la presencia de Dios. Se echaron a llorar por una razón inexplicable. Cuando dije que si alguien deseaba salvarse que pasara al frente, respondieron afirmativamente

PROCESO DE DECISIÓN ESPIRITUAL

FUNCIÓN DE DIOS	FUNCIÓN DE LA IGLESIA		RESPUESTA HUMANA
Revelación general		-10	Conciencia de lo sobrenatural
		-9	Ningún conocimiento eficaz del cristianismo
Convencimiento	Presencia	-8	Conciencia inicial del cristianismo
		-7	Interés en el cristianismo
	Proclamación	-6	Conciencia de los hechos fundamentales del evangelio
		-5	Entendimiento de las implicaciones del evangelio
		-4	Entendimiento de las implicaciones del evangelio
	Convicción	-3	Conciencia de necesidad personal
		-2	Llamado y decisión de actuar
Regeneración		-1	Arrepentimiento y fe

(flecha lateral: Rechazo)

NACE UN NUEVO DISCÍPULO — Mateo 28.19-20

Santificación		+1	Evaluación de la decisión
		+2	Iniciación en la iglesia
		+3	Llegar a ser parte del proceso de discipular
		•	Crecimiento en el entendimiento de la fe
		•	Crecimiento en el carácter cristiano
		•	Descubrimiento y uso de los dones
		•	Manera cristiana de vivir
		•	Mayordomía de los recursos
		•	Oración
		•	Sensibilidad hacia los demás
		•	Comunicación eficaz de la vida y la fe

Adaptado de, *What's Gone Wrong With The Harvest?* [¿Qué anda mal con la cosecha?], Zondervan, 1975 James F. Engel y Wilbert Norton.

aunque no había presentado ninguna información sobre el evangelio o qué implicaba ser salvo.

Cuando uno de los miembros del personal les preguntó qué deseaban, respondieron que no sabían, habían pasado adelante porque no podían detenerse. Al escuchar una presentación sencilla del evangelio, se entregaron a Cristo.

El momento oportuno y el poder de Dios se impusieron sobre toda reserva. Aquí vemos el poder atrayente de Dios operando a un nivel que va más allá de lo racional. Fueron atraídos no por un mensaje sino por una presencia sobrenatural. Se tuvo que dar el mensaje de la cruz para completar el proceso, pero sin la dirección del Espíritu Santo la pareja no lo hubiera aceptado fácilmente.

El Espíritu Santo por lo general ordena las citas divinas en encrucijadas cruciales en la vida de las personas, momentos en que luchan con problemas o profundas necesidades. Podrían estar preocupados por el temor a la muerte, el deseo de la felicidad o el éxito, una adicción, un defecto en el carácter, o un problema en una relación. Todos estos son puntos de partida para la conversión, el cual es el tema del siguiente capítulo.

DIECISÉIS

Puntos de partida

*L*a Biblia presenta varias ilustraciones de citas divinas. Es probable que la más conocida en la vida de Cristo sea el relato de la mujer samaritana en el pozo de Jacob (Juan 4.4-30). Luego de pedirle un trago de agua, Jesús usó el agua como punto de partida para explicar verdades espirituales. A medida que el diálogo continuó se hizo obvio que la mujer tenía poco conocimiento preciso sobre la verdadera naturaleza de Dios.

Entonces Jesús dijo: «Cinco maridos has tenido, y el hombre que está contigo ahora no es tu marido». Esa declaración le llamó la atención. «Señor, veo que eres profeta», dijo ella. Es decir, se percató de que Cristo era un vidente, alguien que puede ver lo desconocido, en este caso sus pecados secretos. Después de eso ella no resistió lo que Cristo decía. Creyó como resultado de ello. Mediante su testimonio comenzó un avivamiento en la comunidad samaritana. «Vengan a ver a un hombre que me dijo todo lo que he hecho. ¿Acaso no será este el Cristo?» Mediante esta cita divina la mujer samaritana se movió de un conocimiento escaso de Dios al arrepentimiento, del pecado a la fe en Cristo, ¡todo en cuestión de minutos!

Las citas divinas no están limitadas al primer siglo. He escuchado testimonios de muchos en mi iglesia. Por ejemplo, en enero de 1990

Luana DeWitt, un miembro de la *Vineyard Christian Fellowship* de Anaheim, experimentó una asombrosa visión que llevó a la confrontación del serio pecado de un hombre y a su conversión. Luana y su esposo Chris trabajaban en una casa cristiana de transición para confinados que hacía poco habían salido en libertad bajo palabra. Mientras oraban una mañana por un grupo de estudio bíblico nocturno en la casa de transición, Luana vio en su mente la imagen de un tatuaje con la palabra «ORGULLO». No conocía su significado, así que no pensó más sobre eso.

Esa noche en la casa de transición Luana comenzó a sentir que Dios le decía que el hombre sentado en el suelo directamente frente a ella había violado a una mujer y no lo habían atrapado. Solo él y su víctima sabían sobre la violación. Luana estaba insegura de si Dios le estaba hablando, pero sintió más detalles de parte del Espíritu Santo: la mujer que había violado se llamaba «Cheryl»; el hombre (luego averiguó que su nombre era Ross) estaba avergonzado por su horrible secreto; y Dios lo había traído a la reunión.

Aun así, Luana no estaba segura de si escuchaba la voz de Dios o su alterada imaginación. La idea de acusar a alguien de violación basada en un «sentimiento» de parte de Dios la hacía sentirse incómoda. Ella había decidido no hacer nada hasta que se volvió y vio un tatuaje en su brazo: «ORGULLO». Era idéntico al que había visto anteriormente durante la oración. Luana sintió que el tatuaje verificó que oyó de parte de Dios acerca de Ross. Entonces sintió que el Señor decía: «En su corazón vive todo lo opuesto al orgullo. Esta lleno de odio por sí mismo por la vergüenza que siente».

Después que su esposo Chris terminara de enseñar, ofreció la oportunidad de que las personas recibieran oración. Luana le pidió a dos líderes varones que se unieran con ella para orar por Ross. Ella le contó lo que Dios le dijo y le mostró. Él no respondió inmediatamente, entonces dijo: «Sí, es cierto».

Luana dijo: «El Señor sacó a relucir todo esto. Él lo sabe todo. Todavía puede perdonarte». Entonces les entregó el ministerio a los dos hombres y se marchó. Poco después Ross le entregó a Cristo el corazón y sus pecados pasados.

*   *   *

En Hechos 8.26-40 leemos sobre otra cita divina con uno de los discípulos. Un ángel le dijo a Felipe que fuera a Gaza, al sur de Jerusalén. Entonces se le indicó que se acercara a la carroza de un eunuco etíope, un oficial de la corte de la reina de los etíopes.

En ese momento el eunuco etíope leía Isaías 53.7-8. En la Escala de Engel, el eunuco estaba en el punto de decisión (-2); solamente necesitaba conocimiento sobre lo que le hacía falta creer. En la providencia de Dios, Felipe fue enviado a explicarle el próximo paso. Pero para que sucediera eso Felipe tenía que escuchar a Dios y ser obediente a su palabra. Luego del bautismo del eunuco etíope, Felipe fue transportado sobrenaturalmente. Hasta la fecha se honra al eunuco como fundador de la Iglesia Etíope. La cosecha estaba madura, pero hacía falta un obrero dispuesto.

*   *   *

Dios muchas veces organiza citas divinas para personas con importantes problemas personales. No debemos sorprendernos de esto. Al comienzo de su ministerio, en la sinagoga en Nazaret, Jesús proclamó que su misión era «dar buenas nuevas a los pobres ... A pregonar libertad a los cautivos, y vista a los ciegos; a poner en libertad a los oprimidos; a predicar el año agradable del Señor» (Lucas 4.18-19).

Los apuros difíciles o desesperados son senderos para llevar a las personas a la salvación. Al ser más sensibles a las necesidades de quienes nos rodean muchas veces encontramos situaciones en las cuales nosotros también podemos «proclamar el año agradable del Señor».

El relato de la hija de Jairo (Marcos 5.21-24, 35-43) es un ejemplo excelente. A Jairo, un director de sinagoga, le hacía falta que Jesús sanara a su pequeña hija que estaba muriéndose. De camino a sanar a la hija de Jairo, Jesús se dilató cuando una mujer que había sangrado por doce años lo tocó. Ella se sanó. Durante esta tardanza, llegaron noticias de que la hija de Jairo había muerto. En respuesta al mensaje, Jesús le dijo a Jairo: «No temas; simplemente cree». Al entrar a la casa donde yacía la hija, Jesús les dijo a quienes se lamentaban que la niña estaba dormida.

Ellos se rieron de él, porque creyeron que ignoraba los hechos. En la sociedad del Oriente Medio, en el primer siglo, todos conocían la vida y la muerte. La carnicería diaria de animales para la comida o para celebrar los ritos los familiarizaba con la muerte de una forma que las personas modernas no lo están. La mortalidad infantil era muy alta. Por eso, era especialmente difícil que quienes se lamentaban percibieran a la hija de Jairo de otra manera sino muerta.

Como judíos, entendían la resurrección de los muertos como un acontecimiento colectivo que ocurriría al final de la historia, en la era por venir. No esperaban que un individuo fuera levantado o que la resurrección estuviera encarnada en Jesús. Pero la muerte de la niña le dio a Cristo la oportunidad de demostrar el Reino de Dios, y al hacer eso los testigos aprendieron más sobre su verdadera naturaleza.

Muchas veces luchamos con las mismas limitaciones que los judíos, la misma incapacidad de entender cuando Dios nos pide que hagamos algo fuera de lo común, por ejemplo, describirle el pecado secreto a un desconocido, como hizo Luana DeWitt en la casa de transición. La mayoría de los cristianos no participan de experiencias emocionantes y poderosas en su vida, ya sea porque no están escuchando a Dios o porque, debido a su falta de atención, Dios se queda callado.

Luego de sacar a los escépticos de la casa, Jesús se llevó a los padres y a Pedro, Santiago y Juan al cuarto con la niña. Entonces dijo: «Niña, ¡te digo que te levantes!» La reacción de los presentes fue el asombro. Jesús les dijo que no le contaran a nadie lo sucedido. Aunque no se dice explícitamente en el texto, podemos concluir que ese día Jairo y los de su casa pusieron su fe en Cristo.

*　　*　　*

En octubre de 1984 fui testigo de una conversión similar en Londres. Un pastor llevó a sus padres a una conferencia en que yo hablaba. Su padre padecía de diabetes y ceguera. Durante una de las reuniones Dios me dijo que alguien en el público estaba ciego y que la causa de la ceguera era la diabetes. En esa ocasión recibí una imagen mental del ojo del hombre con la palabra diabetes en mi mente. (A veces recibo en alguna parte de mi cuerpo un dolor paralelo a la dolencia de otra persona que Dios desea sanar. En otras ocasiones tengo un destello de conocimiento sobre alguien. A través de los años he aprendido a reconocer cuando estos conocimientos son de Dios y cuando son resultado de mi imaginación, o de indigestión).

Anuncié eso en la reunión, junto con una instrucción de que esta persona debía pasar adelante para ser sanada por Jesús. (Era una enorme muchedumbre; no conocía a ese hombre). El padre fue sanado. ¡Recibió la vista! Como resultado de eso, muchos otros familiares (su madre, un sobrino, su hermano y otros) encontraron el poder de Dios. Luego de las reuniones su testimonio era: «Ahora conocemos a Dios como nunca antes».

Mi punto no es que se convirtieron en cristianos (ya tenían fe en Cristo), sino que su fe adquirió nuevo significado y se profundizó su entrega. Eso ilustra cómo podemos mover personas a través de la Escala de Engel aun después de su conversión; en esa ocasión fue hasta el punto de crecimiento conceptual y de la conducta (+3).

Las citas divinas por lo general afectan a grupos completos de personas. En el próximo capítulo examinaremos con más detalles cómo hacen eso.

La ganancia de hogares enteros

L a meta de la evangelización no es únicamente la creación de discípulos individuales de Jesucristo, sino que también incluye la edificación de cuerpos de personas, el cuerpo de Cristo. Hemos sido creados por Dios para la comunión. Las relaciones correctas son parte del plan de Dios para nuestra vida. Gracias a esa dimensión social o colectiva, no debe sorprendernos que Dios a menudo lleve grupos de personas a su Reino. Muchas veces nos concentramos demasiado en las personas, olvidando que cuando un miembro de una familia o un grupo social es afectado, puede hacer que se gane a toda una familia o de todo un pueblo.

Luego de sanar al endemoniado en la región de los gadarenos, Jesús le dijo: «Vete a tu casa, a los tuyos, y cuéntales cuán grandes cosas el Señor ha hecho contigo, y cómo ha tenido misericordia de ti» (Marcos 5.19). «Y se fue, y comenzó a publicar en Decápolis cuán grandes cosas había hecho Jesús con él; y todos se maravillaban» (5.20). Un incidente similar ocurre con la mujer samaritana luego de su encuentro con Jesús (Juan 4.28-30, 39-42).

También leemos sobre un funcionario de la corte de Capernaúm cuyo hogar entero se salvó mediante la evangelización poderosa (Juan 4.46-53). Vino buscando a Jesús, pidiéndole que sanara a su hijo. Luego de reprender al funcionario por necesitar «ver señales y milagros» para creer, Jesús sanó a su hijo. Ese milagro es singular porque Jesús no le puso las manos al niño ni oró por él. Simplemente declaró el milagro realizado y le dijo al funcionario que se fuera a casa. Su hijo fue sanado. En respuesta a la satisfacción sobrenatural de la necesidad del funcionario, «creyeron él y toda su casa».

En Hechos 16 el carcelero de Filipos se salvó después que se estremecieron «los cimientos de la cárcel», y se abrieron de par en par las puertas, y se soltaron todas las cadenas, incluso las de Silas y Pablo. Entonces creyó, después de escuchar el evangelio. A terminar la noche el carcelero se los llevó «a su casa, les puso la mesa; y se regocijó con toda su casa de haber creído a Dios» (Hechos 16.26, 34).

*　　*　　*

El relato del doctor Luis Flores Olmedo y su familia es una ilustración sorprendente de cómo la evangelización poderosa transforma hoy día a las familias. Durante años el doctor Flores era profesor de pedagogía en el Departamento de Filosofía de la Universidad Central en Quito, Ecuador. Había escrito cinco libros de texto en su campo de la teoría del aprendizaje, además de más de doscientos artículos en revistas profesionales. Sus estudios lo llevaron a Europa, a Egipto y a la Unión Soviética. También era muy conocido como el autor de un panfleto sobre cómo criar a la familia ideal atea. En el panfleto usa a su esposa y a sus cuatro hijos como el modelo de una familia sin Dios. Aunque no era miembro del Partido Comunista, ocupaba el puesto de dirigente intelectual del movimiento marxista del recinto. Se deleitaba particularmente en ridiculizar la fe de cualquiera que pudiera creer en Dios, católico o protestante evangélico.

En mayo de 1982, el evangelista pentecostal puertorriqueño Yiye Ávila realizó una campaña evangelística en la plaza de toros de Quito. La esposa de Flores y Gabriela, su hija mayor, fueron invitadas y decidieron asistir a una de las reuniones. Ambas mujeres fueron sanadas físicamente y por eso se hicieron cristianas. Gabriela también habló en lenguas. Las niñas más pequeñas también se hicieron cristianas durante la campaña, a pesar de su instrucción atea.

Poco después de la conversión de su esposa y sus cuatro hijas, el doctor Flores volvió a casa de la universidad para encontrar a su familia arrodillada, orando por su salvación. Cuando Gabriela vio a su padre entrar en el cuarto dijo: «Papi, voy a probarte de una vez por todas que hay un Dios y que Jesucristo está vivo hoy día. Voy a cantarte en un idioma que jamás he aprendido». Entonces Gabriela procedió a cantar mientras el Espíritu Santo le daba las palabras. Ella cantó en ruso, en alemán, en italiano, en francés y por último en inglés. Era música que exaltaba al Señor. Estaba cantado con la melodía de una canción muy conocida, «La Tabacundena», que el profesor mismo había escrito hacía muchos años. El doctor Flores tenía conocimientos de cada idioma, y sabía que no los tenía Gabriela. Lo estremeció esa experiencia.

Esa noche no durmió. La mañana siguiente canceló todas sus clases y se encerró en su oficina, donde tembló por la presencia de un poder con el que no podía lidiar. Esa noche regresó a la casa a encontrar a la familia orando por él. Gabriela volvió a acercársele, esta vez poniéndole las manos y profetizando sobre él con gran autoridad. El Espíritu Santo hasta le reveló a Gabriela pecados secretos específicos en su vida. Eso le bastó al profesor. Se arrodilló y dijo: «Señor, soy un tonto», y le ofreció su vida a Dios. En ese momento, recuerda el doctor Flores, Dios lo levantó del suelo y lo sacudió tres veces como una muñeca. En el proceso se sanó de la quinta vértebra lumbar que estaba fuera de sitio, de hemorroides, y de muchas alergias. También habló en lenguas.

La conversión del doctor Flores fue permanente. El 14 de marzo del 1989 fue ordenado. Hoy es pastor del Centro Cristiano Vida Abundante, donde dirige un rebaño de más de 1.100 que crece rápidamente. La congregación se ha cuadruplicado bajo su liderazgo. El doctor Flores también supervisa un ministerio que llega a 1.500 indios quechuas que viven en distritos remotos de Ecuador.[1]

*   *   *

En las citas divinas y la satisfacción de necesidades humanas la carga de responsabilidad para mediar el Reino de Dios descansa sobre los cristianos. El evangelista puertorriqueño Yiye Ávila ayudó fielmente a la esposa y a la hija del doctor Flores. Debido a su fe, el doctor Flores mismo se hizo cristiano. Por medio de personas obedientes y dispuestas a la enseñanza, Dios puede realizar señales y maravillas, moviendo así a las personas por la Escala de Engel más rápidamente que lo que por lo regular sucede en la evangelización programática.

Cuando se libera el poder de Dios en el corazón y en la mente, no solo se convierten personas y familias, sino pueblos enteros. Eso era algo común en la Iglesia primitiva, como se declara en el libro de Hechos. El descenso del Espíritu Santo, acompañado del estruendo de un viento recio y de lenguas de fuego que descendían sobre las personas, las consiguientes lenguas, atrajeron grandes muchedumbres a las cuales Pedro les predicó el evangelio (Hechos 2). Cuando Pedro sanó al mendigo lisiado en la puerta del templo llamada La hermosa, las personas vinieron «corriendo», y Pedro les predicó (Hechos 3.1-26). En Hechos 5.12-16 los apóstoles realizaron «muchas señales y milagros entre el pueblo», y «muchos creyeron en el Señor». El hecho de que el sumo sacerdote acusara a los apóstoles de llenar a Jerusalén de su doctrina es prueba del poder de lo milagroso para abrir las puertas a la evangelización (Hechos 5.28). Cuando los samaritanos escucharon a Felipe y vieron sus señales milagrosas, lo «escuchó atentamente» (Hechos 8.6). Muchos de ellos fueron librados de espíritus malos y sanados, lo cual resultó en «gran gozo» (Hechos 8.7-8).

Los pobladores de Lida y Sarón se convirtieron cuando Eneas, un paralítico que había estado acostado por ocho años, fue sanado instantáneamente por Pedro. Así como el caso de Jesús y el funcionario de la corte de Capernaúm, Pedro usó un estilo sencillo y directo al orar sobre Eneas: «Jesucristo te sana. Levántate y recoge tu lecho» (Hechos 9.34). Sin embargo, a diferencia de Jesús, Pedro no sanó por autoridad propia; Cristo fue el sanador. La sanidad de Eneas le facilitó la tarea evangelística a Pedro. Casi todas las personas responden positivamente a los actos de misericordia y a las demostraciones de poder espiritual. La resurrección de Dorcas de entre los muertos produjo un resultado similar (Hechos 9.42), y muchos creyeron debido al milagroso ministerio de Pablo (Hechos 19.11-20).

Hace falta cierta actitud para cumplir con las citas divinas, la que permeaba la vida de Jesús y de Pedro: ¿Cómo puede usarme Dios? Nuestra parte, como les enseñó Jesús a los fariseos cuando le preguntaron sobre el mayor mandamiento, es: «Amarás al Señor tu Dios con todo tu corazón, y con toda tu alma, y con toda tu mente» (Mateo 22.37). Las citas divinas son ocasiones en que Dios opta por hacer sus obras mediante nuestra obediencia, fe, esperanza y amor. Son *sus* obras, actos a los cuales no añadimos nada.

Esta es una actitud difícil de alcanzar para los cristianos occidentales, porque se nos ha enseñado a pensar que solo es real lo material, que lo sobrenatural es fantasía. Las razones para eso, y cómo sobreponerse a ellas, son los temas de la Quinta parte.

La cita divina

Lea *Evangelización poderosa*, Cuarta parte, capítulos 14-17.

Propósito

En esta sesión aprenderá a cumplir las citas divinas y a ver en qué punto están las personas en la Escala de Engel.

Proyecto

Cuente sus experiencias evangelísticas recientes, concentrándose en cómo hizo contacto con las personas, y cómo vio en qué punto estaban en la Escala de Engel (véase el capítulo 15). Ocúpese de estas preguntas:

- ¿Hizo preguntas que le ayudarón a ver donde encajaban en la Escala de Engel?
- ¿Piensa que les habló debidamente según su posición en la escala? ¿O le parece que erró el blanco?
- ¿Cree que Dios los movió por la Escala de Engel?
- ¿Hizo buenas preguntas de «pre-evangelización» como: «¿Qué cree sobre Dios?» o «¿Usted lee la Biblia?»?
- ¿Pudo contarle a alguien todo su testimonio de tres minutos, o parte del mismo?
- Al reflejar en su encuentro, ¿cómo pudo mejorarlo?
- ¿Hubo algunas que usted no cumplió?

Lo que aprendemos de la Escala de Engel

- No todas las personas que nos encontramos se encuentran en el mismo lugar en su conocimiento del evangelio o su actitud hacia él.
- Demasiada persuasión en el momento equivocado realmente puede hacer que las personas retrocedan en la escala, apartándolos de la fe en Cristo.
- En cierta medida, la actitud es tan importante como la información. (Es incorrecto el concepto de que, si las personas tienen bastante información, optarán por la fe en Cristo).
- Hace falta que andemos especialmente pendientes de frutos maduros, personas listas a convertirse. (El sentido del momento indicado lo es todo en la evangelización).
- Gran parte de lo que creemos no ser evangelización o ser un fracaso realmente es un éxito, porque hace que las personas avancen en la escala.

Cómo mover a las personas por la Escala de Engel

Una vez que discierna dónde están las personas en la escala, debe relacionarse con ellas apropiadamente:

-11 Ningún conocimiento de que hay un Ser Supremo
- Probablemente es mejor orar por ellos e invertir poco tiempo con ellos, a menos que Dios le diga algo diferente o que quieran pasar tiempo con usted.

-10 Conciencia de lo sobrenatural
- Hay muy pocas personas que no creen en la existencia de Dios; por otro lado, muchas personas no saben prácticamente nada sobre Jesucristo.
- Nuestra presencia y manera de vivir afectan mucho a esas personas.
- Presénteles a Jesús poco a poco.
- La evangelización poderosa es especialmente útil para estas personas.

-9 Falta de conocimiento eficaz sobre el cristianismo

* Estas personas ven a Jesús como «un buen hombre».
* Evite adelantarse a lo que puedan entender.

-8 Conciencia inicial sobre el cristianismo

* La mayoría de su conocimiento se adquiere en la iglesia, y muchas veces es un conocimiento malo. Las iglesias están llenas de personas a quienes les falta una experiencia de conversión.
* A veces son muy obstinados.
* Nos ponemos nerviosos en este punto porque esta gente nos empieza a caer bien y tememos perder su amistad o acercarnos demasiado a ellos.

-7 Interés en el cristianismo

* Por lo general están conscientes de una necesidad en su vida.
* Están dispuestos a escuchar lo que tenga que decir sobre el cristianismo.
* Mediante el amor y el interés usted se convierte en un puente para el evangelio; permitiendo el cultivo del cristianismo al ser su amigo.

-6 Conciencia de los hechos fundamentales sobre el evangelio

* Ahora pueden entender el significado de las palabras y las obras de Cristo.
* Muchas veces están dispuestos a ir a un culto de la iglesia o un estudio bíblico evangelístico, porque lo perciben a usted como un testigo confiable.

-5 Entienden las implicaciones del evangelio

* Comienzan a entender que el evangelio cuesta tiempo, energía y dinero.
* Este es uno de los puntos clave donde las personas pueden perderse si no se anda con cuidado.
* Este es uno de los lugares más fáciles de sentir temor y diluir el mensaje del Reino. Debemos mostrarles el costo.
* Podríamos perder la relación con ellos por un tiempo breve.

-4 Actitud positiva hacia el evangelio

- Comienzan a sentirse atraídos al evangelio.
- Realmente disfrutan al aprender doctrina, pero todavía no están listos para recibir a Cristo.

-3 Conciencia de necesidad personal

- Estas son necesidades realmente sentidas; por lo general es un problema agudo que no pueden resolver.
- Muchas veces se mueven rápidamente hacia la regeneración.
- Busque siempre a estas personas; son excelentes candidatos para la conversión.
- Aun en este punto, es extraño que las personas digan: «Ahora tengo que rezar la oración del pecador».
- No dé por sentado que la persona es salva; todavía tiene que mostrarle cómo orar para recibir a Cristo.

-2 Llamado y decisión de actuar

- El evangelio es un mensaje del corazón, no un mensaje de la cabeza. El Espíritu Santo está atrayendo a la persona.
- Aquí es donde usted realmente cierra. Pídales que oren con usted, u ofrézcale orar con ellos. Es posible que quieran ir a la casa y orar a solas.

-1 Arrepentimiento y fe

- Acuden a Cristo.

0 Nace un nuevo discípulo

- Regeneración. Punto de partida.

+1 Evaluación de la decisión

- Satanás trata de robarse el fruto (1 P 5.8).
- Jesús debe ser aceptado como Salvador y Señor para que resistamos al diablo.

+2 Iniciación en la iglesia

- Llevar a las personas a que se integren a la iglesia es parte de la tarea evangelística.
- El bautismo es el sacramento para la entrada a la iglesia.

Plan de acción

Repase su lista de cinco personas de la semana anterior, y expándala a 10 nombres. Junto a cada nombre anote dónde cree que se encuentran en la Escala de Engel, y en la próxima columna lo que cree que deba pasar para acercarlos más a la conversión. Ore por ellos diariamente, pidiéndole a Dios la oportunidad de contarle su testimonio a uno de ellos esta semana.

Nombre	Escala de Engel	Plan de acción
1.		
2.		
3.		
4.		
5.		
6.		
7.		
8.		
9.		
10.		

Para la semana próxima

Dispóngase a contarle al grupo su experiencia evangelística, concentrándose sobre todo en cómo conmovió a las personas mediante la Escala de Engel.

Lea *Evangelización poderosa*, Quinta parte, capítulos 18-22.

~QUINTA PARTE~

Señales y maravillas y cosmovisiones

Todo es según el color del cristal con que se mira

Poco después de la *Segunda Guerra Mundial, los antropólogos* fueron al Lejano Oriente para investigar las actitudes de los orientales y su manera de razonar para ver cuánto diferían de los occidentales. Entrevistaron a varios miles de personas y recibieron respuestas sorprendentes a las preguntas basadas en silogismos (en lógica, un silogismo es un esquema formal de razonamiento deductivo). Una pregunta típica era: «El algodón no crece en países con climas fríos. Inglaterra es un país con clima frío. ¿Crece el algodón en Inglaterra?» La mayoría de los asiáticos que respondieron a la pregunta dijeron no estar calificados para responder a la pregunta porque no habían estado en Inglaterra.

En las naciones occidentales, hasta los niños de edad escolar habrían respondido: «No. El algodón no puede crecer en Inglaterra. Hay demasiado frío». Desde la niñez temprana, a las personas occidentales se les prepara en el razonamiento deductivo; para guiar nuestra vida alcanzamos conclusiones basadas en reglas de lógica. Las presuposiciones de nuestra sociedad nos animan a pensar de esa manera. No hacen eso las presuposiciones de casi ninguna de las sociedades orientales, africanas y suramericanas. Esas personas piensan de forma más concreta y gráfica. La excepción a esto se encuentra entre los que tienen educación occidental. (No quiero indicar que nuestra sociedad sea superior a las demás, simplemente que es diferente).

Los antropólogos que realizaron investigaciones en Asia descubrieron que los asiáticos tienen una manera diferente de entender cómo funciona el mundo. Por ejemplo, están muy influidos por el animismo, la creencia que los objetos materiales poseen un alma o un espíritu. Creen que los espíritus determinan sucesos, y como los espíritus son volubles e inconstantes, la razón deductiva no los ayuda a conocer lo que pudiera ocurrir. Los asiáticos no se sentían cómodos al predecir si el algodón podría crecer en Inglaterra o no a pesar de que se le dijo que las condiciones climatológicas no eran favorables.

Para entender por qué los asiáticos interpretan al mundo de esta manera, debemos examinar más detenidamente cómo las cosmovisiones afectan su manera de pensar y la nuestra. James Sire define una cosmovisión como «una serie de presuposiciones (o postulados) que sostenemos (consciente o inconscientemente) sobre la composición esencial de nuestro mundo».[1] Casi ninguno de nosotros aprende conscientemente nuestra cosmovisión sino que más bien la «absorbe» de la sociedad circundante. Se pasa de generación en generación con poco cambio, es raro que se repasen o revisen los postulados. *Damos por sentado* que entendemos la vida de la misma manera que los demás (o que así debiera ser), que *nuestro* entendimiento del mundo *es la* realidad.

Cada sociedad tiene presuposiciones, algunas conscientes, la mayoría inconscientes. Adquirimos normas de pensamiento mediante las cuales interpretamos nuestras experiencias, desde los padres, los medios de difusión pública, el arte, la educación, y así por el estilo. Nuestra cosmovisión es como un lente, da color, aclara, clasifica, trastorna, o excluye parcialmente al mundo. Es, en palabras de Charles Kraft, nuestra «caja de control» de la realidad.[2]

*   *   *

El doctor Kraft, en su libro *Christianity with Power* [Cristianismo con poder], define más detalladamente una cosmovisión como:

las presuposiciones, valores, y compromisos estructurados culturalmente subyacentes a la percepción de la REALIDAD de un pueblo.
[Kraft define REALIDAD, en letras mayúsculas, como lo que realmente está ahí (como Dios lo ve); realidad, con letra minúscula, es
cómo los seres humanos entienden las cosas]. La cosmovisión es la
principal influencia sobre cómo percibimos la REALIDAD. En términos de las presuposiciones, valores, y compromisos de su cosmovisión, una sociedad estructura cosas tales como las creencias de su
pueblo, cómo deben imaginarse la realidad, y cómo y qué han de
analizar. Las personas interpretan y reaccionan basándose en esto
de manera reflexiva sin pensar en eso.3

Hace falta una cosmovisión en la formación y mantenimiento de
una sociedad. Nuestra meta, como cristianos, no es mudar por completo
la cosmovisión de la sociedad en que vivamos. En lugar de eso, nuestra
meta es llegar a estar conscientes de nuestra cosmovisión y alterarla para
excluir los valores contrarios al cristianismo. El doctor Kraft señala
cuatro funciones de una cosmovisión.

Una cosmovisión proporciona una *explicación* de cómo y por qué
las cosas son como son, y cómo y por qué continúan o cambian. Estas
explicaciones se pasan de generación en generación mediante el folklo-
re, los mitos y los cuentos. Le dan a la cultura una legitimidad subconsciente en la mente de las personas.

Una cosmovisión sirve como base para la *evaluación*, para juzgar
y autorizar la experiencia. Es una medida con la cual las personas miden
los acontecimientos y las circunstancias en la sociedad; provee el criterio
de aceptabilidad.

Por ejemplo, en los Estados Unidos encontramos una cosmovisión
en la cual la influencia personal y la afluencia material son muy
importantes para la vida. Esto resulta en igualar el éxito con la afluencia
material y su obvia influencia. Los valores de esta cosmovisión afectan
también a los cristianos estadounidenses. Ellos podrían rechazar el
consumismo material evidente y las maneras de vivir obsesionadas con
la posición social, sin embargo muchas veces su manera de juzgar iglesias
«exitosas» refleja la cosmovisión de la sociedad en general: congregaciones grandes con enormes presupuestos son exitosas. Cuando la *Vineyard
Christian Fellowship* era una iglesia pequeña, luchando para sobrevivir

y controversial, muchos de mis colegas y amistades me rechazaron. Entonces comenzamos a atraer enormes cantidades de personas. Súbitamente *Vineyard Christian Fellowship* se convirtió en una institución legítima, aceptable a sus ojos aunque no habían cambiado nuestras supuestas enseñanzas y prácticas controversiales. Habíamos satisfecho su criterio para el éxito: una membresía y un presupuesto enorme y creciente.

Una cosmovisión provee *refuerzo sicológico* para la manera de vivir de una sociedad. Crea una dinámica «nosotros-ellos»: mediante una cosmovisión común las personas se identifican con su sociedad y la perciben como separada y distintiva del resto de las otras sociedades. Al aceptar y vivir la cosmovisión de la sociedad, uno se siente parte de un grupo más extenso. Esto provee un sentido de seguridad ante el temor a valores foráneos que podrían perturbar la familia, la ocupación y la religión. También crea un ambiente en que pueden crecer las relaciones, donde las personas están bastante confiadas en que sus vecinos ven al mundo como ellos, así que interactuan libremente. Un resultado de este refuerzo sicológico es el sentido de comunidad y participación en el clan, la tribu o la nación. La comunidad se fortalece a medida que se refuerza continuamente la cosmovisión.

Una cosmovisión provee *funciones integradoras y adaptadoras* para nueva información, valores, filosofías y experiencias. No se rechazan completamente todos los nuevos entendimientos contrarios a la cosmovisión de una sociedad. Algunos son aceptados y se les permite alterar las percepciones de quienes las aceptan, cambiando así la cosmovisión. En ese sentido, las cosmovisiones siempre están evolucionando. Las personas que sostienen cosmovisiones anticuadas y resisten el cambio se aíslan del resto del mundo.

Muchas sociedades pre-modernas y menos tecnológicas, como los indios estadounidenses o las tribus de África, bajo presiones de las perspectivas europeas, han llegado a un estado de vulnerabilidad y fragilidad ante las influencias exteriores. Entonces sus cosmovisiones se han alterado radicalmente al moverse sobre ellos las sociedades modernas y tecnológicas. Esa invasión ha tenido un impacto devastador, dejando una ola de serios problemas sociales, como trágicamente lo ilustra la historia de los indios estadounidenses.

Así las cosmovisiones occidentales librepensadoras han influido la composición general de las sociedades de penetración fácil pero resistentes al cambio. Mientras tanto, ciertas ideas o determinados aspectos de las cosmovisiones que no son occidentales (por ejemplo, las que se encuentran en el Cercano Oriente, las orientales, y hasta las sociedades indias estadounidenses) han sido aceptadas con facilidad en algunos segmentos de la sociedad occidental. Sin embargo, después de un tiempo, esos puntos de vista foráneos disminuyen, se absorben, se digieren, y se transforman, perdiendo por lo general su vitalidad y capacidad para influir profundamente en la sociedad. Ese proceso de absorción, digestión y disminución también afecta las ideas y los valores cristianos, secularizando tácitamente a la fe. Ese es el tema del siguiente capítulo.

~DIECINUEVE~

El medio excluido

Es posible que la revista *Forbes* sea una fuente fuera de lo común para aprender acerca de las cosmovisiones occidentales y del Espíritu Santo. Pero en un artículo de octubre de 1990 sobre la economía brasileña, John Maroom, Jr., observa francamente que los medios de difusión occidentales han pasado por alto en gran medida el factor económico más significativo en Latino América: un avivamiento cristiano «centrado en el protestantismo evangélico»:

> Cuando los medios de difusión extranjeros le prestan atención a Brasil, se debe a las políticas económicas heterodoxas del Presidente Fernado Collor de Mello, por la asombrosa deuda externa de Brasil o por la actual ola de secuestros. Sin embargo, a la larga lo que está sucediendo en estas iglesias evangélicas tiene mucho más significado para el futuro de América Latina. Hay grandes fuerzas históricas trabajando en esas iglesias humildes, aunque a veces grandiosas.[1]

Maroom afirma que el movimiento evangélico crea un nuevo ambiente social más compatible con la democracia y el capitalismo. Los individuos, animados a cambiar su vida mediante la fe en Cristo, ya no se resignan a sus posiciones sociales y económicas. «La posibilidad es literalmente revolucionaria», escribe, «mucho más de lo que jamás podrán ser Fidel Castro o Ché Guevara».[2] Maroom se pregunta si la difusión del movimiento evangélico está preparando la fundación cultural para significativos cambios sociales y económicos en la sociedad de América Latina. Él concluye:

> No puede descartarse la posibilidad [de la transformación]. El específico mensaje pentecostal se concentra abrumadoramente en la decisión de un individuo de aceptar a Cristo como salvador personal. Pero con este mensaje viene un énfasis en la responsabilidad y el sacrificio individual que es muy compatible con el capitalismo, la libre empresa, y una sociedad totalmente descentralizada.[3]

Hay avivamientos parecidos en muchos países de América Central y América del Sur. Guatemala, Nicaragua y Argentina son los mejores ejemplos. Sin embargo, con pocas excepciones, los medios de difusión occidentales no los han informado. ¿Por qué?

No creo que se deba a que los periodistas occidentales y los intelectuales anden conspirando para excluir de la sociedad todo informe sobre la religión. Para hacer eso tendrían que reconocer que la religión es un fenómeno que tiene un impacto significativo sobre la política y la economía. Más bien, a diferencia del reportero de *Forbes*, la mayoría de los occidentales *no pueden* adjudicar significado cultural a los sucesos o a las ideas religiosas o «espirituales». Es como si tuvieran un filtro que elimina la religión de su conciencia pública. Tienen un punto ciego que limita su capacidad de ver cómo la religión puede impactar la economía o la política.

Cada cosmovisión tiene puntos ciegos, esas esferas de la vida que simplemente no se consideran o que se da por sentado que no funcionan. A veces esos puntos ciegos tienen consecuencias desastrosas para la sociedad. En las sociedades animistas como las mencionadas en el último capítulo, muchas veces se supone que la causa de la viruela son espíritus malvados. Cuando la medicina moderna, que ha erradicado en gran medida a la viruela en las sociedades que reciben vacunas contra la misma, ha ido a esas sociedades a ofrecer una cura a través de las vacunas, muchas veces ha sido rechazada, resultando en muerte y angustia desmedida. Las personas rechazaban algo que creían que no podía funcionar contra los espíritus malvados que consideraban como la causa de la enfermedad.

✳   ✳   ✳

Algunas características de las cosmovisiones occidentales tienen un efecto pernicioso en la fe de los cristianos. Por ejemplo, el librepensamiento daña nuestra creencia en el poder de Dios para intervenir en el universo físico. (Los librepensadores creen en un universo cerrado de causa y efecto material). A los cristianos que aceptan las explicaciones seculares occidentales de la enfermedad, y casi todos las aceptamos, se les hace difícil sino imposible aceptar la causa espiritual o la sanidad espiritual de la enfermedad.

El doctor Paul Hiebert, que durante trece años fue profesor en la Facultad de Misiones Mundiales del Seminario Fuller, tenía ese punto ciego cuando fue por primera vez a la India como misionero. Él escribe:

> Los discípulos de Juan preguntan: «¿Eres tú él que había de venir, o esperaremos a otro?» (Lucas 7.20). Jesús no respondió con pruebas lógicas, sino mediante una demostración de poder en la cura de los enfermos y la expulsión de espíritus malvados. Eso es claro. Sin embargo, cuando leí el pasaje como misionero en la India, y procuré aplicarlo a las misiones en nuestro día, sentí una incomodidad rara. Como occidental, acostumbraba presentar a Cristo basado en argumentos racionales, no mediante evidencias de su poder en la vida de las personas que estaban enfermas, poseídas y destituidas. En particular, *la confrontación con espíritus, que parecía una parte tan natural del ministerio de Cristo, en mi mente pertenecía a un mundo separado de lo milagroso, lejos de la experiencia común y corriente de todos los días* [énfasis añadido].

La «incomodidad rara» del doctor Hiebert pronto fue probada por una plaga de viruela en la aldea. Él continúa:

> Los médicos preparados en la medicina occidental habían tratado de detener la viruela pero no habían sido exitosos. Los ancianos de

la aldea finalmente buscaron un adivino que les dijo que Maisamma, la Diosa de la Viruela, estaba enojada con la aldea. Para satisfacerla y detener la plaga, los habitantes de la aldea tendrían que sacrificar un búfalo de agua. Los ancianos tuvieron que recoger dinero para comprar el búfalo de agua. Los cristianos se negaron a dar dinero. Los ancianos se enojaron y les prohibieron sacar agua de los pozos e hicieron que los mercaderes no les vendieran comida. Uno de los ancianos de la Iglesia en esa aldea había venido a buscarme a la estación misionera para orar por la sanidad de una de las jóvenes cristianas que estaba enferma con viruela. Al arrodillarme mi mente estaba perturbada. Cuando niño había aprendido a orar, estudié la oración en el seminario, la predique como pastor. Pero ahora habría de orar por un niño enfermo mientras toda la aldea vigilaba para ver si el Dios cristiano podía sanar.

Entonces él pregunta: «¿Por qué mi sentí incómodo al leer la escritura y cuando estaba en la aldea india? ¿Acaso el problema, al menos parcialmente, se debía a mi cosmovisión, a las presuposiciones que hice como occidental sobre la naturaleza de la realidad y la manera en la cual percibía al mundo? Entonces responde a su propia pregunta:

La personas en las aldeas indias tienen muchas enfermedades, maldiciones por la infertilidad de las mujeres, mal humor, mala suerte, posesión de espíritus, y prácticas de magia negra. Los habitantes de las aldeas indias tienen formas tradicionales para lidiar con las enfermedades.

1. Casos en que la vida está bajo seria amenaza: Con todos esos casos se llevan a la persona a un *sadhu*, un «santo». Esta es una persona de los dioses que afirma sanar mediante la oración. Ya que [el] dios lo sabe todo ellos no hacen preguntas. Como son espirituales no requieren pago alguno. Pero se espera que uno dé algo de haber alguna sanidad.

2. Casos sobrenaturales: Con esos casos van a un *Mantrakar*, un «mago». Este maldice mediante conocimiento y control de las fuerzas sobrenaturales y los espíritus, que se cree están en la tierra. Trabajan con cantos y símbolos visuales para controlar las fuerzas y los espíritus. No hacen preguntas, no reciben pago.

3. Medicina: Algunas personas van a médicos que curan mediante el conocimiento científico basados en la medicina. No hacen preguntas sino que diagnostican tocando las muñecas, los estómagos, etc. Requieren mucho pago y dan una garantía de que uno solo paga si el paciente se sana.

4. Curanderos: Estas personas sanan con remedios populares. Hacen preguntas, requieren poco pago, no ofrecen garantías. Las personas tratadas tienen que pagar antes de recibir tratamiento. (Al comienzo, muchas veces se igualó a los médicos occidentales con los curanderos).

Cuando una persona [india] se convierte en cristiano, ¡sustituyó al misionero por el santo! Cristo sustituyó a Krishna o Siva como el sanador de sus enfermedades espirituales. Para la enfermedades que tenían, fueron a médicos occidentales o los curanderos de la aldea. Pero ¿y las plagas que curó el mago? ¿Y la posesión de espíritus, o las maldiciones, o la brujería, o la magia negra? ¿Cuál era la respuesta cristiana a estos?

Debido a las presuposiciones occidentales, la única conclusión que uno tenía era «¡No existen!» Pero para las personas que realmente experimentaron estos fenómenos, tenía que haber una respuesta. Así que hasta los cristianos acudían al mago para las curas.[4]

El doctor Hiebert, al reflexionar más sobre la experiencia misionera, descubrió un punto ciego en su cosmovisión, y en la cosmovisión de la mayoría de los cristianos occidentales. Se percató de que aunque creía en el cielo y el infierno, Dios y la eternidad, subconscientemente los había confinado en su manera de pensar a una «fila superior» de la religión, lejos del mundo físico y de su existencia diaria. Pero él vivía en una «fila inferior» de la ciencia, el mundo empírico de nuestros sentidos, aquellas cosas que vemos y experimentamos en el orden material, o natural. Las filas superiores e inferiores, aunque ambas le eran reales, no interactuaban. Hiebert dijo que había un «medio excluido» en la manera en la cual los occidentales pensaban, una incapacidad de ver cómo interactuan la religión y la ciencia. El «medio excluido» incluye la influencia de ángeles y demonios en la vida diaria, la intervención del Espíritu Santo en la sanidad divina, las señales y las maravillas, y los dones espirituales. Las cosmovisiones que no son occidentales le dan espacio a toda clase de intervención sobrenatural en la vida diaria, así que la idea de que un Dios cristiano puede sanar les resulta fácil de aceptar. Pero los cristianos occidentales, al excluir esa zona mediana, por lo general le dejamos poco o ningún espacio a lo que en la Biblia es normal: la actividad regular de Dios y Satanás en la vida humana.

¿Cómo perciben los occidentales al mundo?

*A*unque existen algunas variaciones en las presuposiciones de la cosmovisión en el mundo occidental, es posible hablar de una cosmovisión dominante o mayoritaria que nos influye a todos. ¿Qué elementos clave de esta cosmovisión afectan más a los cristianos occidentales o a los cristianos occidentalizados? Hay al menos cuatro características que limitan nuestra capacidad para practicar la evangelización poderosa.

1. *El librepensamiento.* En su libro *The Christian Mind* [La mente cristiana] Harry Blamires describe al elemento dominante de la cosmovisión occidental moderna como el librepensamiento. «Pensar secularmente», escribe él, «es pensar dentro de un marco de referencia atado por los límites de nuestra vida en la tierra: es mantener nuestros cálculos arraigados en ese criterio mundano».[1] La presuposición de mentes seculares es que vivimos en un universo material cerrado a la intervención divina, en el cual se llega a la verdad solamente mediante medios empíricos y el pensamiento racional.

2. *Confianza propia.* Algo inherente a la cosmovisión moderna occidental es el deseo de controlarlo todo, personas, cosas, sucesos, hasta los acontecimientos futuros. El Renacimiento del siglo XV, y luego la Reforma, crearon un apetito en los hombres y las mujeres por conocer más acerca de la naturaleza. Al apartarse de la resignación medieval de aceptar todas las experiencias como voluntad de Dios, al fin y al cabo la sociedad occidental se fue al otro extremo durante la Ilustración, haciendo de lo humano la medida de todas las cosas. Para el siglo XIX, el materialismo estaba arraigado en la cosmovisión del mundo occidental, y con él vino un sentido de autonomía y confianza propia en que los hombres y las mujeres sintieron poca necesidad de ayuda de cualquier cosa externa a ellos.

3. *Materialismo.* El materialismo da por sentado que nada existe salvo la materia y su movimiento y modificaciones. Para un materialista, solo es real lo que puede verse, probarse y verificarse. El método científico es elevado al rango de Escritura sagrada. Al trabajar basándose en esa presuposición, las personas occidentales han aprendido a observar regularidad y normas en el mundo material y han desarrollado una serie de leyes y principios para casi todas las esferas de la vida: medicina, física, filosofía, sicología, economía, y así por el estilo. Se consideran esos principios consecuentes, estables y confiables.

Una filosofía del materialismo contradice directamente la perspectiva cristiana. El materialismo tuerce nuestro pensamiento, ablandando convicciones sobre el mundo sobrenatural de ángeles y demonios, el cielo y el infierno, Cristo y el anticristo. Muchas veces vivimos como si el mundo material fuera más real que el espiritual, como si la causa y efecto material explicara todo lo que nos sucede.

4. *Racionalismo.* El racionalismo busca una explicación racional para toda experiencia, haciendo de la razón la guía principal en todos los asuntos de la vida. El racionalismo no debe confundirse con una manera de pensar racional. En este libro trato de escribir acerca de la evangelización poderosa de una manera racional, razonada de forma tal que el lector pueda entender. Sin embargo, el racionalismo acepta a la razón como la única y la mayor autoridad en la vida. Todo lo que no pueda explicarse mediante la razón humana es rechazado, especialmente los acontecimientos sobrenaturales como los milagros. Por lo tanto, el racionalismo es una filosofía que no es cristiana. Puesto que los

ángeles, los demonios y Dios no pueden evaluarse científicamente, los librepensadores usan el materialismo para justificar lo sobrenatural. Sin embargo, la razón principal por la cual los librepensadores rechazan lo sobrenatural no es que crean en la causa y efecto; es que excluyen de la realidad todo fenómeno que no pueda ser científicamente evaluado.

Pero el racionalismo del siglo XX no es necesariamente un intento de ser rigorosamente racionales. Debemos diferenciar al racionalismo del siglo XX del racionalismo de la Ilustración del siglo XVIII. Durante la Ilustración muchos racionalistas creyeron que era posible analizar toda la experiencia racionalmente y concluir una verdad objetiva aun en las esferas espirituales y morales. Los hombres y las mujeres modernas han abandonado la búsqueda de la objetividad en esas esferas.

*   *   *

Los humanistas modernos, los que fomentan el librepensamiento, la confianza propia, el materialismo y el racionalismo, ya no creen que sea posible llegar a la verdad objetiva en lo moral y lo espiritual. Irónicamente, hay varias inconsecuencias racionales en la manera de pensar de los humanistas. Por ejemplo, aunque creen en un universo material sólido y cerrado que puede entenderse solamente mediante la investigación científica, al mismo tiempo sostienen presuposiciones *relativistas* sobre la religión y la moralidad. Creyendo que «lo que creas es lo mejor para ti» se adopta una pluralidad de sistemas morales. En cuanto a eso, la mayoría de los librepensadores tienen una cosmovisión que carece de solidez interna. Lesslie Newbigin concluye que el racionalismo moderno divide a la realidad en «el mundo público que nuestra cultura llama hechos, en distinción al mundo privado de creencias, opiniones y valores».[2]

Eso da cuenta del actual crecimiento en muchas sociedades occidentales de filosofías desarrolladas de aspectos del pensamiento Oriental y de la Nueva Era, como la Percepción Extra-sensorial y la Meditación Trascendental. A nivel superficial, el interés en estas filosofías parece contradecir lo que uno esperaría de una cosmovisión humanista, pero la mayoría de los humanistas modernos no son rigorosamente racionales. A menudo reconocen que hay un mundo espiritual o moral que está fuera de lo racional, que solo puede conocerse mediante la experiencia personal. Hasta las personas más racionalistas e humanistas parecen reconocer intuitivamente que en la existencia humana hay más que lo material, lo racional y lo científico. Las personas en todas partes, hasta los occidentales condicionados a creer que no hay nada más allá de lo que los científicos nos dicen, sienten la necesidad de buscar algo más, algo que transcienda lo racional, algo espiritual. Eso levanta a un pueblo envuelto en la Nueva Era fuera del cristianismo, y en experiencias carismáticas por dentro. Este mundo necesita mucha atención, pero en última instancia el materialismo y el racionalismo son incapaces de satisfacer ese deseo, proveyendo explicaciones lógicas para el significado en la vida. El humanismo no satisface la necesidad de las personas de entender el universo, así que buscan significado en las filosofías y las religiones que se interesan por lo que está fuera de lo racional.

Las señales y las maravillas cristianas están más allá de lo racional (aunque no son irracionales), pero tienen un propósito racional: verificar al evangelio. Esto se opone a la mentira pluralista que dice que toda experiencia religiosa es igualmente válida. Las señales y las maravillas le dan validez al sacrificio de Cristo en la cruz y su señorío sobre todos los aspectos de nuestra vida, una relación que puede describirse y entenderse.

Cómo Jesús veía
al mundo

Muchos cristianos occidentales empacan nítidamente sus vidas en dos categorías, «natural» y «sobrenatural», con la posterior bastante eliminada de su vida diaria. Las experiencias fuera de lo común o inexplicables son atribuidas al «azar» o la «coincidencia». Sin embargo, la Biblia le da espacio al misterio en la relación entre los mundos material y espiritual. Por ejemplo, en la Biblia algunas enfermedades son causadas directamente por los demonios, y otras enfermedades tienen causas físicas. En lugar de verse forzada a los extremos de empiricismo occidental o animismo oriental, la Biblia permite *la posibilidad pero no la necesidad* de la intervención sobrenatural en toda la experiencia terrenal.[1]

Entonces, ¿cuáles son las características que establecen la forma en que los cristianos ven el mundo aparte de cómo lo perciben los humanistas modernos? «Pensar cristianamente», escribe Harry Blamires, «es aceptar todas las cosas con la mente tal y como se relaciona, directa o indirectamente, al destino eterno del ser humano como hijos redimidos y electos de Dios».[2] Para Blamires, pensar cristianamente es lo mismo que sostener una cosmovisión cristiana. En su libro *The Christian Mind* [La mente cristiana], Blamires menciona varios elementos de una manera de pensar cristiana (cursivas añadidas).

1. «Una señal primordial de la mente cristiana es que *cultiva la perspectiva eterna...* Se orienta sobrenaturalmente, y le aplica a las consideraciones terrenales el hecho del cielo y el hecho del infierno».[3] Esta presuposición significa que los cristianos creen en un universo abierto, un mundo en el cual Dios habla y actúa libremente. Esto pone a los cristianos en conflicto directo con los materialistas occidentales, que operan basándose en que este mundo es el todo en la vida.

2. «La mente cristiana tiene *una conciencia aguda y sensible del poder y de la extensión del mal sobre el ámbito humano*».[4] El mal, el mundo, la carne y el diablo asaltan continuamente al pueblo de Dios. Esa conciencia del mal significa que los cristianos se perciben como miembros de un ejército, que viven en tierra extraña, enfrascados en combate con Satanás. Realmente hay pecado. Hay espíritus malvados acechando en el mundo. Esta conciencia del mal también motiva a los cristianos a depender del Espíritu Santo para sobreponerse al Malvado.

3. «La *concepción de la verdad* apropiada para la manera cristiana de pensar se determina mediante la orientación sobrenatural de la manera de pensar cristiana... La verdad está sobrenaturalmente arraigada: no se fabrica dentro de la naturaleza».[5] Con relación a esto, toda la experiencia es juzgada por la revelación de Dios, mientras que para el librepensador la verdad es juzgada por el yo subjetivo. Entonces, para los cristianos hay verdades objetivas, entendimientos racionales sobre Dios, la creación y la moral, que pueden conocerse y son eternos. Creemos en normas morales trascendentes a las que podemos someter cada aspecto de nuestro pensamiento.

Otros elementos que menciona Blamires son la aceptación de parte de los cristianos de la autoridad de Dios y tener un alto sentido del valor de las personas.

En cada uno de estos puntos, las perspectivas cristianas están en pugna con la mente secular. Sin embargo, muchos cristianos occidentales no están conscientes del conflicto, porque se han secularizado en gran medida. ¿Cómo podemos llegar a estar más conscientes de esos elementos invisibles de nuestra cosmovisión que han sido secularizados?

Como la mayoría de las preguntas difíciles en la vida, la respuesta se encuentra en mirar la vida y el ministerio de Jesús. Él tenía una cosmovisión. Miraba al mundo mediante perspectivas (o paradigmas) del Reino que nosotros también podemos conocer. Charles Kraft en su libro *Christianity with Power* [Cristianismo con poder], bosqueja presuposiciones de la vida de Jesús que todos los cristianos sostienen como normativas. Nos ha concedido el permiso de resumir unos cuantos de estos puntos a continuación. (Lo remito a su libro para un análisis detallado de cosmovisiones).[6]

1. *Jesús daba por sentado la existencia de Dios, incluso las presuposiciones en cuanto a su naturaleza y sus actividades.* Dios es un Padre con absoluta autoridad sobre sus hijos. Siempre los ama, aunque demanda obediencia y lealtad de ellos (Lucas 15.11-32). Está activamente envuelto en su creación (Juan 5.17; 15.16), se opone a los opresores, y entiende y se relaciona con las personas basándose en sus motivaciones en lugar de basarse en su comportamiento superficial (Lucas 5.17-25; Mateo 23.1-36).

2. *Jesús daba por sentado la existencia de un mundo espiritual.* Este incluía los ángeles, los demonios y Satanás. La perspectiva secular occidental o niega la existencia del mundo espiritual, o no logra distinguir entre los espíritus malos y los buenos. También fracasa en el reconocimiento de la obra del Espíritu Santo.

3. *Jesús creía en dos reinos, el Reino de Dios y el reino de Satanás.* Estos reinos están en guerra el uno contra el otro, y el Reino de Dios tiene la victoria asegurada (Mateo 12.22-29; Colosenses 2.15; 1 Juan 3.8).

4. *Jesús daba por sentado que hay una confrontación de poder entre los dos reinos.* Doquiera que iba había una confrontación con Satanás, especialmente al ejercer su autoridad y poder en la enseñanza y la sanidad (Lucas 4.32, 36, 39). Envió a los discípulos dando por sentado que ellos también tendrían conflictos.

5. *Jesús y sus seguidores recibían todo su poder del Espíritu Santo.* (Lucas 3.21-22; 24.45-49; Hechos 1.8; 10.38). Eso da la norma para que también nosotros confiemos en el poder del Espíritu Santo.

6. *Todo aquel que desee dirigir debe tratar de servir.* (Mateo 20.25-28). En el mundo, el liderazgo se basa en el señorío del líder sobre aquellos a quien dirige. No es así en el reino.

7. *Jesucristo solo hace lo que ve al Padre hacer en el cielo* (Juan 5.19). Eso está en pugna con el énfasis del mundo en la confianza propia y la autonomía.

8. *El amor de Dios es la respuesta más apropiada para Dios y los seres humanos.* (Mateo 22.37-40). En el mundo, el amor es condicional y temporal, basado por lo general en las emociones o en algún tipo de acción. En contraste con eso, el amor de Dios es eterno, basado en el perdón y la misericordia.

9. *Las únicas metas por las que vale la pena luchar son el interés por el Reino y la lealtad a Dios* (Mateo 6.33). Estos están en pugna con las metas mundanas de realización propia y el placer, que son temporales y egoístas.

Estas solamente son unas muestras de las perspectivas de Jesús que contrastan agudamente con la mayoría de las cosmovisiones. Afectan todos los aspectos de la vida. Aquí estamos más interesados en cómo estas perspectivas sobre el Reino afectan la evangelización, especialmente tal y como se relaciona con la liberación de poder espiritual en la evangelización poderosa. Al menos, Jesús percibía los milagros, las señales y las maravillas como acontecimientos *normales*, no, como tan a menudo se nos enseña, como entremetimientos divinos fuera de lo común en un mundo del cual normalmente está distante.

Así que, ¿qué clase de conocimiento debiéramos tener? Uno arraigado en la manera de Jesús de mirar al mundo: Poder envuelto en amor. Vamos a examinar más minuciosamente eso en el próximo capítulo.

~VEINTIDÓS~

Poder envuelto en amor

*H*emos visto que una cosmovisión influye poderosamente* en la
mente de las personas, y pocos están conscientes de cuán fuerte
y controladora es esa influencia. Pero los seres humanos no son
robots incapaces de cambiar su programación. La cosmovisión de un
grupo no determina por completo las percepciones de sus miembros
individuales o grupos menores en todo momento. Interactuamos con
cosmovisiones encontradas cuando hay oportunidad, al viajar, al leer,
en las nuevas relaciones, y en el contacto con las cosmovisiones de otros
grupos menores dentro de nuestra sociedad y otras sociedades.

Muchos evangélicos sinceramente creen que su manera de pensar
sobre asuntos tales como la sanidad o la evangelización poderosa está
formada solamente por la Biblia. No están conscientes de cuán poderosas
son las influencias de una cosmovisión materialista occidental, y cómo
esa cosmovisión afecta su interpretación de las Escrituras en general, y
específicamente su percepción de lo sobrenatural en la Biblia.

La mayoría de los cristianos occidentales tienen que pasar por un
cambio de percepción a fin de participar en un ministerio de señales y
maravillas, un cambio hacia una cosmovisión que da cabida a la milagrosa
intervención de Dios. No es que le demos permiso a la intervención de

Dios: Él no requiere nuestro permiso. El cambio consta en empezar a *ver* sus milagrosas obras y *permitir* que afecten nuestra vida.

Nuestra capacidad de ver y entender distintos fenómenos se aprende. A veces, debido a que tenemos un punto de vista diferente sobre algo o porque no hemos aprendido qué debemos buscar, no podemos ver lo que a otros les resulta obvio. Se puede sacar una analogía al mirar el siguiente dibujo:

¿Ve a una joven o a una vieja? Algunos ven a una joven, entonces, al mirar de manera diferente, a una vieja. Otros solamente ven una o la otra hasta que alguien les muestra cómo ver la imagen de manera distinta. Las líneas del dibujo no cambian; la percepción del observador sí cambia. Esto, a una escala menor, es análogo a un cambio de cosmovisión, un cambio en la percepción.

Es difícil reconocer algo que no se ha visto antes. Al verlo por vez primera, uno no lo entiende. El mirar, en relación con esto, es un proceso aprendido que ocurre durante un período de tiempo.

Así que no vemos ni nos percatamos de todo lo que miramos; tenemos una percepción selectiva. En el Nuevo Testamento, los sueños y las visiones son uno de los medios de comunicación que Dios usa al hablarle a su pueblo. Hasta se describen como parte normal de la vida cristiana. Pedro, citando de la profecía de Joel, aseguró que había llegado el día en que los jóvenes verían visiones, y los ancianos soñarían (Hechos 2.17). Sin embargo, ¿con qué frecuencia los evangélicos occidentales hablan hoy día sobre sueños y visiones? ¿Acaso eso se debe a que Dios no se revela de ese modo, o porque un punto ciego en nuestra cosmovisión nos previene que veamos lo que Dios está haciendo?

*   *   *

Para ver el Reino de Dios pasé por un proceso de aprendizaje, y tuve que ajustar mi cosmovisión, al comenzar un ministerio de señales y maravillas. En respuesta a sus preguntas acerca de la parábola del sembrador y las semillas en Mateo 13.11-16, Jesús les enseñó a los discípulos sobre la vista espiritual:

> Porque a vosotros os es dado saber los misterios del reino de los cielos; mas a ellos no les dado. Porque a cualquiera que tiene, se le dará, y tendrá más; pero al que no tiene, aun lo que tiene le será quitado. Por eso les hablo por parábolas:
>
> > porque viendo no ven,
> > > y oyendo no oyen, ni entienden.
>
> De manera que se cumple en ellos la profecía de Isaías, que dijo:
>
> > De oído oiréis, y no entenderéis;
> > > y viendo veréis, y no percibiréis.
> > Porque el corazón de este pueblo se ha engrosado,
> > > y con los oídos oyen pesadamente,
> > > y han cerrado sus ojos;
> > para que no vean con los ojos,
> > > y oigan con los oídos,
> > > y con el corazón entiendan,
> > > y se conviertan, y yo los sane.
>
> > Pero bienaventurados vuestros ojos, porque ven;
> > > y vuestros oídos, porque oyen.

Este pasaje contiene dos principios sobre cómo aprender a ver el Reino de Dios. En primer lugar, necesitamos la gracia de Dios, que elija revelarnos los secretos del Reino. Solamente podemos ver lo que Dios nos revela. Debido a que vivimos en el nuevo pacto, el pacto del Espíritu Santo, tenemos confianza en que Dios «derramará [su] Espíritu en todo pueblo» (Hechos 2.17).

Esto lleva al segundo principio, que es cómo recibimos el reino de la gracia. Las personas con corazones blandos y dóciles a la enseñanza reciben y obedecen abiertamente las palabras del Reino. El problema principal de las personas que no reciben los secretos del Reino está en el corazón, en nuestras motivaciones y actitudes hacia las cosas de Dios. Pero el pasaje continúa diciendo que hay una relación directa entre los corazones de las personas y sus cosmovisiones. Un «corazón duro», cerrado a lo sobrenatural, no puede ver ni escuchar los secretos del Reino.

Un corazón duro afecta nuestra cosmovisión de dos maneras. Un corazón duro podría inclinarnos hacia una cosmovisión que excluye lo sobrenatural o que pudiera impedir que alteráramos una cosmovisión defectuosa para que incluyamos lo sobrenatural. En cada caso, la clave para ver el Reino de Dios y hacer las obras de Cristo es abrirle más nuestros corazones a su Espíritu. «Mas el que fue sembrado en buena tierra, este es el que oye y entiende la palabra, y da fruto; y produce a ciento, a sesenta, y a treinta por uno» (Mateo 13.23).

$$* \qquad * \qquad *$$

Vemos de acuerdo con nuestras expectativas. Muchas veces nuestras expectativas vienen del condicionamiento: se nos enseña a esperar ciertas cosas en la vida cristiana e ignoramos lo que Dios hace si actúa fuera de nuestras expectativas. En la Biblia, el relato de la alimentación de la multitud ilustra cómo el condicionamiento previo ciega nuestro aprendizaje sobre el Reino de Dios. Después que Jesús alimentara a miles, las personas dijeron: «Este verdaderamente es el profeta que había de venir al mundo». Jesús se retiró de allí porque «entendiendo Jesús que iban a venir para apoderarse de Él y hacerle rey, volvió a retirarse al monte Él solo» (Juan 6.14-15). Ya que los judíos daban por sentado que parte de la venida del Mesías estaba relacionada con el restablecimiento de un reino político como el de David, siempre que vieron a Jesús realizar un milagro y lo identificaban como el Mesías, creían que había venido a establecer su reino político. Hasta los discípulos, después de la resurrección, obraron bajo esta presuposición (véase Hechos 1.6). Tenían la *expectativa* de un rey terrenal.

Hace años me avergonzó que unas personas en mi iglesia hablaran sobre experiencias sobrenaturales extrañas. Una vez una mujer se me acercó y describió su experiencia de conversión. (Ella había tratado de hablar con otra persona sobre eso, pero rehusó escucharla). No entendió completamente lo que le sucedió a ella, y necesitaba ayuda de un líder pastoral. Una noche llegó a la casa de una fiesta y al entrar a su casa sintió la presencia de alguien. La asustó, pero no podía encontrar a nadie. Luego, en su cuarto, escuchó una voz. Lo único que dijo fue: «Rosa Lee». Sus amistades la conocían como Lee, aunque su nombre completo era Rosa Lee. Ella se volvió y no vio a nadie. Entonces escuchó la voz de nuevo. Esta vez preguntó: «¿Quién es? ¿El Señor?» «Sí, Rosa Lee. Es hora de que me conozcas». Ella se postró sobre su rostro y recibió a Cristo como Salvador.

Cuando me contó el relato, creí que era muy extraño, y un tanto demente. ¿Escuchar voces? La llevé a través de los pasos bíblicos hacia la salvación para asegurarme de que *realmente* estaba convertida. Ella se marchó herida de nuestra reunión. Mi cosmovisión, mis expectativas sobre cómo Dios le habla a las personas en la actualidad, controlaban la manera en la cual interpretaba su experiencia, y por eso menosprecié su experiencia de conversión. (Agradezco a Dios que años después, después de crecer en mi entendimiento de lo sobrenatural, volví a encontrarme con ella y me excusé por lo que había hecho. Ella tuvo la gentileza de perdonarme).

*   *   *

Todo lo que he dicho sobre las cosmovisiones indica una conclusión: las cosmovisiones de los cristianos afectan su teología. Si los cristianos tienen una cosmovisión gobernada por el materialismo occidental, probablemente negarán que las señales y las maravillas sean para hoy. Aunque podrían usar una explicación teológica, el verdadero asunto es que incomoda su cosmovisión. En contraste con esto, si un segundo grupo de cristianos tiene una cosmovisión gobernada por el racionalismo occidental, podrían reconocer las señales y las maravillas por la emoción de la experiencia, como un fin en sí mismo. No entienden uno de los propósitos principales de las señales y las maravillas: *demostrar* el Reino de Dios.

Si creemos en una teología que no incluye la posibilidad de cristianos contemporáneos realizando las obras de Jesús, incluyendo las señales y los milagros, no tendremos una práctica de señales y maravillas. Kevin Springer conoce a un hombre cuya esposa se sanó después que sus médicos le dijeron que no pasaría de esa noche. La noche en que los médicos le informaron que su esposa estaba mortalmente enferma, llamó a los ancianos de la iglesia y les pidió que fueran a orar por ella. Los ancianos no estaban convencidos de que Dios sana hoy, pero vinieron por obligación. Oraron por ella, ungiéndola con aceite, y para sorpresa suya, al día siguiente salió del hospital. Los médicos lo llamaron «un milagro». ¡Lo sorprendente sobre este incidente es que los ancianos jamás le contaron lo sucedido a la congregación! Ellos no estaban tan jubilosos como los médicos. Además, este acontecimiento milagroso no estimuló la práctica de la oración por los enfermos en la iglesia. ¿Por qué? Porque su teología actuaba como un control que filtraba la posibilidad de verlo como un obvio milagro. Ellos sencillamente no tenían una teología para la práctica de la sanidad. Aunque reconocieran abiertamente la sanidad, no hubieran sabido cómo incorporar el ministerio de sanidad en la iglesia. Así que Dios sanó *a pesar* de ellos. Su misericordia era mayor que la incredulidad de los ancianos.

En el último capítulo de Hechos, leemos que una víbora mordió a Pablo en la isla de Malta (Hechos 28.1-6). Las personas de Malta inicialmente respondieron pensando que Pablo era un asesino quien había escapado de ahogarse en el mar pero a quien la «Justicia» no le había permitido vivir. Los malteses tenían una cosmovisión verdaderamente cósmica: daban por sentado una interacción entre los mundos cósmicos y empíricos. Primero interpretaron la mordida de la víbora como juicio de Dios. Entonces, al ver a Pablo vivo, dieron por sentado que Pablo era un dios. Para ellos, solo un dios podría sobrevivir esa mordida. La idea de que Dios interviene directamente en los asuntos de los hombres y las mujeres era una presuposición inconsciente.

Las personas secularizadas podrían haber dicho: «Fue una serpiente vieja» o «Si había mordido antes de día tenía poco veneno». Los cristianos occidentales muchas veces piensan de la misma manera, añadiendo quizá: «Dios planeó que hubiera una serpiente vieja allí para salvar a Pablo». Nuestras presuposiciones sobre Dios controlan nuestras conclusiones tanto como las presuposiciones de los malteses controlaban a las suyas.[1]

* * *

Así que, ¿cuáles son algunas de las presuposiciones principales que debemos sostener acerca de Dios y su presente actividad si hemos de practicar la evangelización poderosa? Un buen lugar para comenzar es mirando más detenidamente la lista de presuposiciones de Jesús al final del último capítulo (pp. 153-154). ¿Tiene las mismas actitudes que Jesús? ¿Cree que Dios ama a los seres humanos? ¿Da por sentado la existencia del mundo espiritual? ¿Cree que se libra un conflicto entre dos reinos a su alrededor, y que se le ha preparado para la lucha? ¿Cree que puede recibir poder del Espíritu Santo? ¿Cree que Dios puede sanarle, y que le habla mientras escucha su voz?

Naturalmente, una nueva visión del poder y la obra de Dios llevará a una nueva visión de su amor y su poder. Jesús es el Dios del amor, y es el Dios del poder. Pero ¿cuál es la relación entre su amor y su poder? Charles H. Kraft dice:

> Comencé a preguntarme acerca de la función del poder en el ministerio de Jesús. ¿Acaso era periférico a su verdadero propósito, como algunos quisieran que creyéramos? [O]... ¿acaso el uso del poder espiritual de parte de Jesús era integral a su mensaje de amor? Concluí que *en Jesús el amor y el poder son inseparables. Simplemente, eso es lo que implica ser un Dios poderoso que es amoroso, especialmente cuando lucha con el enemigo de nuestras almas.*[2]

Jesús siempre usó el poder de manera amorosa, jamás como un fin en sí mismo. El poder de Dios siempre demostró su amor. Esto significa que para el cristiano el poder espiritual siempre demuestra el amor de Dios. Evangelización poderosa es una manera de promover el amor de Dios en la proclamación y demostración del evangelio.

Jesús ejerció poder espiritual para servirles a los seres humanos. La evangelización poderosa le resultaba «normal», porque no veía dicotomía entre el poder y el amor. En la sexta parte examinaremos minuciosamente la relación entre las señales y las maravillas de Jesús y la evangelización.

Cosmovisiones

Lea *Evangelización poderosa*, Quinta parte, capítulos 18—22.

Propósito

En esta sesión verá cómo distintos elementos de su cosmovisión afectan a aquellos a quienes se dirige y cómo habla con ellos.

Proyecto

Lesslie Newbigin, en su libro *Foolishness to the Greeks* [Locura para los griegos], propone que una dicotomía entre nuestros mundos privado y público es algo fundamental para la cultura occidental, y que para ser eficiente en la evangelización personal debemos entender esta dicotomía. Cuando intentamos hablar sobre asuntos privados en público, violamos una de las leyes tácitas de la sociedad. La siguiente tabla resume los valores privados y públicos:

PÚBLICA	PRIVADA
Ciencia	Dios
Política	Moral
Hechos	Opiniones
Valores relativos	Valores absolutos
Pluralismo religioso	Creencias religiosas
Experimento científico	Experiencia religiosa
Materia	Espíritu

PÚBLICA	PRIVADA
Sicología moderna	Ángeles y demonios
Tierra	Cielo e infierno
Temporal	Eterno
Medicina moderna	Sanidad divina
Material	Inmaterial
Visible	Invisible

Cuando se habla sobre los asuntos privados en la esfera pública, especialmente al hablar acerca de Dios, nos arriesgamos a la censura y al rechazo. En algunas ocasiones, como en los contextos académico y profesional, podemos perder nuestros empleos. Así que es importante que entendamos el contexto de nuestro testimonio: mientras más «pública» sea la situación, mayor será la oportunidad de rechazo.

Para el debate

Con relación a sus recientes experiencias evangelísticas, ¿ha sentido tensión al tratar de traer algún asunto del dominio privado (véase la tabla anterior) a la esfera pública? ¿La tensión lo ha frenado de decir y hacer todo lo que Dios deseaba que dijera e hiciera?

Los siguientes contextos tienen poder y debilidad para hablar del evangelio:

1. *Familiares cercanos.* Acceso fácil; es aceptable hablar sobre Dios; hay más que perder en la relación (el riesgo del rechazo); se obtienen los mejores resultados a largo plazo; por lo general es difícil hablar.
2. *Familiares más lejanos.* Menos acceso; no siempre es aceptable hablar sobre Dios; hay más que perder en la relación (el riesgo del rechazo); buenos resultados a largo plazo; fácil de hablar.
3. *Amistades íntimas.* Acceso fácil; no siempre es aceptable hablar sobre Dios; hay mucho que perder en la relación (el riesgo del rechazo); buenos resultados a largo plazo; es difícil hablarles.
4. *Conocidos.* Menos acceso; no es aceptable hablar sobre Dios; no hay mucho que perder en la relación; resultados moderados a largo plazo; hablarles es un tanto difícil.

5. *Compañeros de trabajo.* Buen acceso; es absolutamente inaceptable hablarles sobre Dios; hay mucho que perder en la relación (¡hasta su empleo!); buenos resultados a largo plazo; muy difícil hablarles.

6. *Extraños.* Acceso pobre; no es aceptable hablarle sobre Dios; no hay nada que perder en la relación; pobres resultados a largo plazo; es fácil hablarles.

Debate adicional

Estudie las seis categorías anteriores y, haciendo referencia a sus experiencias recientes, analice cómo los diferentes contextos afectan lo que decimos y cómo lo decimos. ¿Cuán importante es que estemos conscientes del contexto en el que hablamos? ¿Cuán importante es que retemos algunas de las prohibiciones de nuestra sociedad en contra de hablar sobre Dios en público?

Plan de acción

Repase su lista de diez personas de la semana anterior. Vuelva a su tabla y, teniendo en cuenta a cada persona, pregúntese cuáles son las esferas del dominio «privado» de Newbigin (por ejemplo, el cielo o el infierno o la sanidad divina) ante las cuales pudieran estar dispuestos a conversar. Ahora ore por ellos diariamente, pidiéndole a Dios la oportunidad de hablar sobre esos asuntos «privados» candentes, que inclusive pudieran ofrecer la oportunidad de contar su testimonio.

Para la semana próxima

Dispóngase a contarle al grupo su experiencia evangelística, prestándole atención sobre todo a cómo las cosmovisiones (la suya y la de las personas a quienes les habla) afectaron su testimonio. Trate de hablarle a alguien dentro de un contexto del que antes se apartaba (por ejemplo, a un amigo íntimo o a un extraño).

Lea *Evangelización poderosa*, Sexta parte, capítulos 23—27. De ser posible, adquiera una copia de *Power Healing* [Sanidad poderosa], Hodder & Stoughton, 1986, y lea los capítulos 4—7.

Nombre	Escala de Engel	Asuntos candentes	Plan de acción
1.			
2.			
3.			
4.			
5.			
6.			
7.			
8.			
9.			
10.			

Las obras de Jesús

~VEINTITRÉS~

Vislumbres del amor
de Dios

H asta ahora he establecido tres premisas que forman la base
para la evangelización poderosa. En primer lugar, dos reinos,
el Reino de Dios y el reino de Satanás, están en conflicto, y los
cristianos han sido alistados en el ejército de Cristo para batallar contra
Satanás. En segundo lugar, la evangelización debe avanzar en el poder
del Espíritu Santo. Y tercero, nuestras cosmovisiones afectan nuestra
comprensión de la Biblia, incluso de pasajes sobre señales y maravillas.

Teniendo en cuenta eso, vamos a examinar más minuciosamente
lo que Cristo hizo, especialmente sus obras de señales y maravillas. Las
señales y maravillas de Jesús eran su tarjeta de presentación, pruebas de
que el Reino de Dios había venido. Herman Ridderbos escribe: «Esta
relación actual entre la venida del Reino y los milagros de Jesús es enfatizada
no solo mediante la expulsión de demonios sino también mediante los
demás milagros de Jesús, porque todos ellos prueban que el poder de Satanás
ha sido quebrantado y que, por lo tanto, el reino ha venido».[1] Los milagros
de Jesús tienen otro propósito: mostrarnos cómo es el Reino de Dios, para
revelar vislumbres del amor, de la paz y del gozo de Dios.

C. Peter Wagner, en *Church Growth and the Whole Gospel* [Crecimiento de iglesia y el Evangelio total], bosqueja dos categorías de señales del Reino halladas en la Biblia:

> Categoría A: Señales sociales, las aplicadas a personas en general:
> Predicación de las buenas nuevas a los pobres
> Proclamación de libertad a los cautivos
> Liberación de los oprimidos
> Institución del Año del Jubileo
> Categoría B: Señales personales, señales aplicadas a individuos específicos:
> Restauración de la vista de los ciegos
> Expulsión de demonios y espíritus malos
> Sanidad de personas enfermas
> Hacer que los cojos caminen
> Limpieza de los leprosos
> Restauración del oído a los sordos
> Agarrar serpientes venenosas
> Levantar a los muertos
> Hablar en lenguas
> Calmar tormentas
> Alimentar a miles
> Ingerir veneno mortal sin efectos dañinos.[2]

Al describir la Categoría B, Wagner dice:

> A eso es que la Biblia se refiere cuando registra las oraciones de los creyentes en Jerusalén: «mientras extiendes tu mano para que se hagan sanidades y señales y prodigios mediante el nombre de tu santo Hijo Jesús» (Hechos 4.30). La función principal de las señales de la Categoría B es llamar la atención al poder de Dios para sensibilizar el corazón del pueblo para el mensaje del evangelio.[3]

Los milagros son un augurio y promesa de la redención universal venidera y de la plenitud del Reino. La expulsión de demonios señala la invasión de Dios del dominio de Satanás, y de la destrucción final de Satanás (Mateo 12.29; Marcos 3.27; Lucas 11.21-22; Juan 12.31;

Apocalipsis 20.1-3). Sanar a los enfermos da testimonio sobre el final de todo sufrimiento (Ap 21.4). Las provisiones milagrosas de alimento señalan el final de toda necesidad humana (Ap 7.16-17). Calmar tormentas señala la victoria completa sobre los poderes que usan la naturaleza para amenazar a la tierra. Levantar a los muertos anuncia que la muerte desaparecerá para siempre (1 Co 15.26; Ap 21.4).[4]

*   *   *

Antes de examinar más detenidamente cómo las señales personales mejoran la evangelización. Quiero señalar la significativa relación entre ellas y las señales sociales como el cuidado de los pobres y la liberación de los oprimidos. La justicia social está en el corazón mismo del evangelio. Jesús declaró su misión en Lucas 4.18-19: «El Espíritu del Señor está sobre mí, por cuanto me ha ungido para dar buenas nuevas a los pobres; me ha enviado a sanar a los quebrantados de corazón; a pregonar libertad a los cautivos, y vista a los ciegos; a poner en libertad a los oprimidos; a predicar el año agradable del Señor». En el Antiguo Testamento el «año favorable del Señor» era el Año del Jubileo, en el cual se cancelaban las deudas, los esclavos eran liberados, y la tierra redistribuida (Lv 25). Jesús anunció el inminente establecimiento de un jubileo eterno.

Esto se cumplió en el Reino que Jesús trajo. Es un reino en el cual corre «el juicio como las aguas, y la justicia como impetuoso arroyo» (Amós 5.24), un Reino que «hace justicia a los agraviados, que da pan a los hambrientos» (Salmo 146.7).

Jesús vio a las personas a quienes les predicaba y a quienes sanaba como víctimas de la injusticia «desamparadas y dispersas como ovejas sin pastor» (Mateo 9.35-36) que no podían ayudarse a sí mismas. Vinculó su ministerio de sanidad con el ministerio a los pobres, porque percibió a ambos como medios de equidad (Mateo 11.5; 12.15-21). En el Sermón del Monte bendijo a los que tenían hambre y sed de justicia (Mateo 5.6). También le dio a sus discípulos un claro mandato para que actuaran por la justicia social: «Porque os digo que si vuestra justicia no fuere mayor que la de los escribas y fariseos, no entraréis en el reino de los cielos» (Mateo 5.20). La obediencia a Dios requiere justicia privada y defender la equidad en el mundo (Mateo 25.31-46).

Al apoyar la justicia social, damos testimonio de la presencia del Reino, y se fortalecen nuestros esfuerzos evangelísticos. Las categorías de Peter Wagner sobre «señales sociales» y «señales personales» no se oponen entre sí. En realidad, a medida que salgamos predicando el evangelio y apoyando la justicia social, el Espíritu Santo irrumpirá en señales y maravillas.

*   *   *

Esto fue lo que le sucedió al Padre Rick Thomas en 1981 cuando él y un grupo llamado *Lord's Food Bank* [Fondo de alimentos del Señor] cruzaron la frontera en El Paso, Tejas, para llevar comida a una cárcel en Ciudad Juárez, México. Basándose en viajes anteriores a la cárcel, trajeron suficiente comida para unos 75 hombres, cuatro bandejas de budín de pan (cada bandeja contenía unas 20-25 porciones), 600 tortillas, un enorme caldero de limonada, y lentejas y chile con carne. Pero se sorprendieron mucho al ver que ese día había más de setenta y cinco hombres en la cárcel de Juárez.

Mientras los confinados comenzaron a salir desde la primera celda, parecía que la fila jamás terminaría. Venían y venían.

«Como no teníamos cuchara para servir», dice el Padre Thomas, «estaban sacando el budín de pan con platos de papel. Llenaban sus platos con budín de pan».

La primera bandeja de budín solamente iba por la mitad cuando se alimentó la primera celda. De acuerdo con los oficiales de la cárcel, había 170 hombres en esa primera celda.

Tuvieron que comenzar a servir de la segunda bandeja de budín de pan más o menos a la mitad de la fila de la segunda celda. Pero las cuatro bandejas de budín bastaron para todos los presos, un total de unos 250 hombres. Y las 600 tortillas, de las cuales se sirvieron cuatro para cada preso, también alimentaron a todo el grupo.

«Fue una de las pocas ocasiones que conozco donde muchos en la comunidad estaban conscientes de que Dios estaba multiplicando la comida en el momento que sucedía», dice el Padre Thomas. «Uno jamás ha visto a la gente alabar a Dios como lo hicieron aquel día. Las personas del Fondo de alimentos estaban llenos de gozo, porque sabían qué estaba pasando. Estaban bailando y alabando a Dios con gran gozo.

«Para el final, algunos de los músicos dejaron de tocar y comenzaron a cargar comida para servirle por segunda y tercera vez a todos los presos que querían más. Hasta alimentaron a los guardias y a los administradores».

«Los presos se conmovieron mucho», dice el Padre Thomas. «Ese día Dios se movió sobre ellos en gran manera. A lo único que estaban acostumbrados era al maltrato. Estaban abrumados ante la presencia del Reino de Dios entre ellos».

«Ese día sentí al Señor haciendo algo en todas las cárceles del mundo, quebrantando el poder de Satanás en cárceles a través de todo el mundo».

El Padre Thomas y los miembros del Fondo de alimentos del Señor no habían planificado la multiplicación de la comida cuando salieron hacia la cárcel en Ciudad Juárez. Simplemente obedecían el mandamiento de Dios de consolar y alimentar y hablarles del evangelio a los hombres que estaban en la cárcel. Y, en su obediencia y fe, Dios realizó soberanamente un poderoso milagro.[5]

*　　*　　*

En los capítulos restantes de la sexta parte analizaré cómo Jesús mostró el Reino de Dios mediante señales y maravillas. Sin embargo, no nos atrevamos a olvidar que las señales y las maravillas son expresiones de la compasión y la misericordia de Dios. Fluyen de su interés por los pobres, los oprimidos y los subyugados. Por lo tanto, las señales y las maravillas van mano a mano con la justicia social.

Jesús realizó señales y milagros que demostraron su amor y su Reino sobre cuatro esferas mediante las cuales Satanás obra de manera particular, los demonios, las enfermedades, la naturaleza destructiva, y la muerte. Vamos a examinar más cuidadosamente cada una de estas en los siguientes capítulos.

Poder sobre
los demonios

*E*n junio de 1982, en una reunión de la Consulta sobre la Relación Entre Evangelización y Responsabilidad Social (auspiciada por La Comunión Evangélica Mundial y el Comité sobre Evangelización Mundial de Lausana), cincuenta líderes evangélicos de veintisiete países se reunieron en Grand Rapids, Michigan, para analizar las señales sociales del evangelio. En su informe final dijeron:

> Creemos que las señales deben validar nuestra evangelización... La tercera señal del reino fue el exorcismo. Rehusamos desmitologizar la enseñanza de Jesús y sus apóstoles sobre los demonios. Aunque los «principados y las potestades» [véase Efesios 6.12] podrían referirse a las ideologías y las estructuras demoniacas bajo el mando del diablo, la posesión demoniaca es una condición real y terrible. La liberación solamente es posible en un encuentro de poder en que se invoca el nombre de Jesucristo, y este prevalece.[1]

Jesús jamás encontró un demonio que le gustara, y se los encontró frecuentemente. La expulsión de demonios es un ataque directo de Jesús contra Satanás, una meta primordial en la misión de Jesús. «Para esto apareció el Hijo de Dios», escribe Juan en su primera carta, «para deshacer las obras del diablo» (1 Juan 3.8). James Dunn escribe: «Los judíos esperaban la atadura de Satanás como una señal del cierre de la era».[2] En cuanto a esto la cosmovisión de Cristo se parecía a la de los judíos. Jesucristo vino a cumplir esa expectativa mediante la destrucción de las obras del diablo y sus secuaces.

Los métodos de ataque de Satanás varían: las personas son tentadas o se les inflige dolor físico y emocional, sus vidas se ven amenazadas o son poseídos por demonios. Estos ejercen varios grados de influencia sobre las personas. En algunos casos, como la posesión demoniaca, adquieren un alto grado de control sobre la voluntad humana. En la Biblia, los demonios causan mudez (Mateo 9.32-33), ceguera física (Mateo 12.22-23), y epilepsia (Mateo 17.14-21). La locura se indica en Marcos 5, donde se describe al endemoniado gadareno sanado como vestido y con sano juicio, sugiriendo que antes no lo estaba. Por supuesto, no *todos* (ni siquiera la mayoría) de los problemas físicos, emocionales, y sicológicos son causados por Satanás; sin embargo, en algunas ocasiones podrían ser causadas por él.

Jesús resistió los ataques de Satanás en el desierto, entonces enseñó inmediatamente que el dominio de Dios estaba cercano (Marcos 1.15). Poco después de su tentación en el desierto, durante su primer sermón (en la sinagoga en Capernaúm), Jesús le sacó un demonio a un hombre (Marcos 2.21-28). Antes de salir, el demonio preguntó: «¿Has venido a destruirnos?» Esa pregunta revela un conocimiento de lo que Dios tiene en espera para los demonios al final de la era. Jesús, mediante sus acciones, demostró que había venido a destruirlos, aunque esa destrucción no se realizará completamente hasta la era por venir.

Jesús le dijo al demonio «cállate» y «sal de él». La frase anterior frecuentemente se traduce «él lo reprendió». Significa denunciar o censurar para terminar una acción. Lo que dijo fue: «¡Silencio! ¡Basta!» «Cállate» implica la idea de enmudecer o estrangular. Enmudeció al demonio, y el demonio se marchó. Jesús vio al hombre como víctima de una fuerza invisible, y fue cruel con el espíritu.

Los discípulos también expulsaron demonios. Nosotros también avanzamos el Reino de Dios de la misma manera: derrocando cada espíritu contrario en el nombre de nuestro Rey. Hay demasiados cristianos que no saben cómo lidiar con demonios. Le temen a los espíritus malvados. No entienden la base bíblica de nuestra autoridad y poder sobre ellos. Podemos y debemos tratar cruelmente, atándolos, reprendiéndolos y sacándolos siempre que nos los encontremos. (Judas 9 no significa que los cristianos no pueden reprender o expulsar demonios, porque lo hicieron frecuentemente, tal y como Jesús le ordenara hacerlo. El contexto trata de las personas rebeldes que «rechazan la autoridad» e «injurian a los seres celestiales» basadas en su autoridad propia (Jud 8). Judas dice que ni siquiera el arcángel Miguel hizo eso, sino que dependió de la autoridad del Señor, no de la suya).

La autoridad sobre los demonios es un poder que Cristo le da liberalmente a los cristianos. Cuando los 72 regresaron de sus misiones, dijeron: «Señor, aun los demonios se nos sujetan en tu nombre». Cristo respondió: «Yo veía a Satanás caer del cielo como un rayo. He aquí os doy potestad de hollar serpientes y escorpiones, y sobre toda fuerza del enemigo, y nada os dañará» (Lucas 10.17-19). No hay duda de que poseemos toda la autoridad que nos hace falta para sobreponernos a los demonios (Marcos 16.17-18; Hechos 1.8; Apocalipsis 12.11). Jesús le dio a sus discípulos «poder y autoridad sobre todos los demonios, y para sanar enfermedades» (Lucas 9.1; véanse también Efesios 6.10-18; Santiago 4.7; 1 P 5.9; 1 Juan 4.4). Jesús reconocía la batalla a la cual hemos sido lanzados a la tierra, que Dios había sacado a Satanás del cielo, y que no debemos temer su poder para herir.

* * *

En 1981 hablé en una conferencia en la parroquia anglicana de St. Michael-le-Belfrey, York, Inglaterra. Durante una de las reuniones se me presentó una mujer de poco más de veinte años de edad que había estado actuando de manera extraña en la parte trasera de la iglesia. Estaba acurrucada como un animal asustado. (Luego me enteré de que padecía de serios trastornos metabólicos y una serie de problemas sicológicos, complicados por un abuso prolongado de drogas. Estaba en constante dolor físico y emocional).

Me incliné para verle el rostro. Sus ojos estaban completamente vueltos hacia atrás, así que solamente podía ver las partes blancas y nada de las pupilas. Mi espíritu se sentía sensible e incómodo, lo que indicaba que esto probablemente era algo más que un problema emocional. (Esa sensación me resulta difícil de describir porque es de naturaleza espiritual y no física). Me habló con una voz muy cruda y masculina, blasfemando al Señor y a mí. La voz me dijo que Jesucristo no tenía ninguna autoridad o poder, y yo tampoco. La voz añadió: «Esta mujer es mía. No puedes tenerla. Apártate». Basado en esas respuestas, di por sentado que era una persona endemoniada.

Le hablé al demonio que controlaba temporalmente la mente consciente de la mujer, y le dije: «Te ordeno soltar a esta joven». Sus ojos rodaron hacia el frente de inmediato y su voz, así como su personalidad, cambiaron al de una mujer joven. Comenzó a llorar y dijo:

—Estoy asustada.

—Lo sé —respondí—. ¿Desea ayuda?

—Dicen que me van a matar si pido ayuda —dijo.

Le dije que en ese momento no podían matarla y afirmé:

—Si deseas ayuda, aquí hay ayuda.

—Sí, deseo ayuda.

Le dije que viniera conmigo, y el demonio intentó inmediatamente de apoderarse de nuevo de su personalidad, tratando de obligarla a retirarse. Una vez más le ordené al demonio que se callara.

Pasamos por la muchedumbre hasta que encontramos al pastor, David Watson. Le expliqué la situación a David, y le pedí permiso para ayudarla. Él lo aprobó y preguntó si también él podía orar por ella. Yo accedí.

Me llevé a la joven, a David Watson y a diez o doce miembros del equipo ministerial a una pequeña recámara de la iglesia. Entonces le pregunté al demonio su nombre y qué le hacía a la joven. Me dijo su nombre y dijo que le creaba el deseo de ingerir drogas. Expulsamos a ese demonio por su nombre.

Durante siete horas la mujer nos contó a cada rato su historia y orámos por ella, ejerciendo autoridad sobre diversos tipos de demonios a medida que se identificaban. Por fin expulsamos unos cuarenta demonios. Durante las entrevistas averiguamos que ella había estado dentro y fuera de hospitales estatales durante toda su vida, fue abusada sexualmente desde los seis años, y había estado seriamente metida en el ocultismo.

Después de este proceso pudo arrepentirse de su pecado y recibir a Cristo como Señor y Salvador. Su vida cambió inmediatamente. (David Watson escribió un informe detallado de este incidente a su obispo).

En 1982 ella fue a Yorba Linda durante tres meses y se quedó en el hogar de unos de los miembros de nuestra iglesia. Ya no estaba endemoniada, pero todavía tenía algunos problemas sociales y emocionales. Recibió orientación en Yorba Linda e Inglaterra y se sobrepuso a la mayoría de estos problemas. En octubre de 1985 estaba en Sheffield, Inglaterra, e invertí tiempo con ella. Hacía poco que se había graduado de la universidad y comenzaba su internado pedagógico. Llevó a un joven con serios problemas demoniacos. ¡Un equipo de ministerio de *Vineyard* le sirvió!

*　　*　　*

Los encuentros de poder con los demonios producen asombrosos frutos evangelísticos en el campo misionero. En 1987 John Weed, un misionero a los musulmanes al oeste de África, en enfrentó cara a cara con un demonio. Él y su esposa Ruthie habían estado trabajando por un año bajo la junta misionera de la Iglesia Presbiteriana en América, Misiones al Mundo, en Abidjan, una ciudad de unos cuatro millones de personas en la Costa de Marfil, cuando Muhammad de dieciséis años entró en su centro y comenzó a hacer preguntas sobre el cristianismo.

Muhammad, un musulmán, se había interesado en Cristo cuando se convirtió uno de sus amigos. Había hablado horas con él, y fue a ver a Juan en busca de respuestas a preguntas que su amigo no podía responder. Luego de hablar con Muhammad por dos o tres horas, John le dio un Nuevo Testamento francés y lo mandó a casa.

Muhammad regresó la semana próxima con más preguntas. Al final de su conversación se aquietó, y entonces dijo: «John, hay algo de lo cual tengo que hablarte. Ese libro que me diste es bueno [jamás había visto la Biblia]. Pero luego de leerlo solamente por cinco minutos me dieron nauseas. Tengo que cerrarlo, y cuando me acuesto a dormir tengo pesadillas y despierto sintiéndome mal. ¿Por qué?» Mientras John escuchaba a Muhammad se acordó de lo que había aprendido en un curso: «MC:510, Crecimiento de iglesia y lo milagroso» muchos años

172 / Evangelización poderosa

antes en el Seminario Fuller. Creyó que Muhammad podría estar luchando con la influencia demoniaca en su vida.

«Muhammad», preguntó John, «¿te molestaría contarles tu historia a otros cristianos? Creo que ellos podrán ayudarte». Muhammad accedió, y John les pidió a varios musulmanes recién convertidos que se le unieran. Luego de escuchar nuevamente el relato de Muhammad, John sugirió que orarán por él. Él consintió.

Lo que sucedió después fue algo con lo cual John jamás había lidiado personalmente en el campo de misión. Inmediatamente después que comenzaran a orar, los ojos de Muhammad se rodaron hacia atrás, se cayó al suelo y le salió espuma de la boca. «Se veía inconsciente. Era aterrador». Luego de orar más o menos por una hora, Muhammad «se despertó», describiendo su experiencia como meter el dedo en un enchufe eléctrico. John no estaba seguro de cuándo Muhammad fue librado del demonio o los demonios que lo atormentaban, así que le dijo que se fuera a casa y memorizara dos versículos y regresara la semana siguiente para recibir orientación y oración.

Durante los próximos dos meses Muhammad se encontró con John y varios creyentes todos los jueves. Cada semana recibió oración y se fue a la casa con dos versículos más para memorizar. Las sesiones de oración siguieron siendo extraordinarias; Muhammad era atormentado por prácticas ocultistas, abuso de alcohol y drogas, y el hábito de fumar. Hacia el final de este período ejerció fe en Cristo, y su vida cambió drásticamente.

La conversión de Muhammad no pasó por alto en su vecindario. Su notoria reputación fue transformada por la gracia de Dios; las personas querían saber qué le había pasado. Desde su conversión Muhammad ha llevado a varias personas a Cristo (un gran logro entre los musulmanes), y enseña un estudio bíblico de zona que John Weed espera que algún día llegue a ser una iglesia.

Los encuentros demoniacos son extraordinarios y producen gran fruto evangelístico. Orar por los enfermos es otra manera de demostrar el Reino de Dios, como veremos en el siguiente capítulo.

Poder sobre la enfermedad

*U*no *de los instrumentos más eficace de Satanás es la enfermedad.* Casi la mitad de todos los versículos en los Evangelios
implica algún tipo de encuentro de poder, y la sanidad abarca
de un nueve a un veinte por ciento.[1] Sin embargo, con demasiada
frecuencia leemos esos relatos a través de los filtros de la ciencia
moderna, dando por sentado que la enfermedad física solo tiene una
solución y una causa física. Subconsciente o conscientemente, cuando
leemos sobre las sanidades en el Nuevo Testamento damos por sentado
que solo eran para la Iglesia primitiva o que hay otra explicación,
científica, sobre cómo realmente sucedieron esas sanidades. Por esta
razón, durante muchos años la única oración para la sanidad que
practicaba era: «Señor, guía las manos del cirujano». Todavía oro eso
algunas veces, pero ahora tengo muchas opciones.

Las causas de las enfermedades pueden ser físicas, sicológicas o
espirituales. Aunque, aparte de la causa, los cristianos tienen poder sobre
la enfermedad. Los cristianos en el primer siglo percibían la enfermedad
como obra de Satanás, una arma de sus demonios, una manera en la cual

el mal domina en el mundo. Cuando Jesús sanó la enfermedad, independientemente de que su causa fuera física o demoniaca, hacía que retrocediera el reino de Satanás. Lo que el diablo hacía, Jesús lo deshacía.

En Lucas 13.10-17 leemos sobre una mujer que llevaba dieciocho años lisiada que fue sanada por Jesús. Este la llamó y dijo: «Mujer, quedas libre de tu dolencia». Ella había estado encarcelada por Satanás, y Jesús estaba liberando a la cautiva. «Y puso las manos sobre ella; y ella se enderezó luego, y glorificaba a Dios».

En respuesta a los ataques de los fariseos (porque Jesús la sanó en sábado, un día de descanso para los judíos). «Hipócrita... Y a esta hija de Abraham, *que Satanás había atado dieciocho años*, ¿no se le debía desatar de esta ligadura?» Su explicación no era médica. Identificó la causa de su problema como obra de Satanás. Los fariseos operaban con dureza de corazón y ceguera religiosa. Se escondían tras la teología, en este caso la prohibición del trabajo en sábado.

*　*　*

Durante el tiempo de Cristo, asevera Edward Langton en su libro *Essentials of Demonology* [Aspectos esenciales de la demonología], «se llegó a asociar a demonios especiales con formas particulares de enfermedad o padecimiento. Se sostenía que ciertas enfermedades eran causadas por demonios particulares».[2] De nuevo, no *todos* los casos de enfermedad son causados por demonios o son demonios. Por supuesto, muchas veces hay explicaciones sicológicas y físicas para el padecimiento. Pero con mucho mayor frecuencia de lo que muchos cristianos occidentales piensan, la causa es demoniaca.

Ver a los demonios como posible causa de la enfermedad es difícil de aceptar, porque reta las nociones modernas, materialistas sobre las dolencias y la enfermedad. En la época de Cristo, su explicación «Satanás la ha mantenido atada» era fácilmente aceptada. Ni siquiera los fariseos la puso en duda. En la actualidad, la mayoría de las personas occidentales dan por sentado que la curvatura del espinazo es causada por un accidente o problemas en el desarrollo. Sin embargo, independientemente de los medios, Jesús creyó que Satanás era la causa. Se nos ha llamado a ocuparnos de la causa, no de la manera en la cual Satanás inflige enfermedad y sufrimiento.

Los cristianos occidentales miran a la enfermedad y la dolencia y con demasiada frecuencia la aceptan, diciendo: «Debe de ser la voluntad de Dios» o «Lo entenderemos mejor cuando lleguemos al cielo». En algunos casos Dios *no* sana. Pero muchas veces las personas creen que estas declaraciones indican que Dios no *quiere* sanar a nadie hoy día. En este sentido, estas declaraciones son triviales, quedándose cortas de lo que Dios tiene para nosotros. Él es un Dios de misericordia y amor y nos ha dado la autoridad para hacer las obras de Jesús.

*   *   *

En 1981, mientras estaba en Johanesburgo, África del Sur, se me pidió que orara por un niño zulú de catorce años que no había crecido una pulgada desde que tenía siete años de edad. Le faltaban partes de los dedos de sus pies; tenía un paladar rajado y sus dientes estaban arruinados; no podía hablar o caminar (su madre lo cargó hasta la reunión). Cuando lo vi me entristecí mucho.

Cuando le hablé, respondió con murmullos incoherentes. Para acercármele, me recosté sobre mis rodillas y mis manos. Me miró como un animal perseguido, babeándose, gruñendo y murmullando. Sus pupilas rodaron hacia atrás. Se encogió aterrado cuando mencioné el nombre de Jesús. Entonces supe que lidiaba con un demonio en él.

Así que llamé a varios otros cristianos, personas que sabía que tenían experiencia en la liberación, y comenzamos a orar sobre el niño. Mientras orábamos, Becky Cook, una asociada, vio que había una maldición sobre él. (Supo esto mediante una palabra de conocimiento; no conocía al niño ni a su familia). Alguien había invocado demonios sobre él cuando era más joven, pidiendo que atormentaran y mataran al niño. En ese momento no era claro quién había hecho la maldición, pero parecía ser la fuente de sus problemas. Quebrantamos el poder de la maldición hablando en su contra en el nombre de Cristo, y entonces sacamos varios demonios que le afligían.

Luego averiguamos que cuando tenía siete años, y vivía en otro pueblo, el niño había sido mensajero de una bruja, su tía. Su madre decidió mudarse. Ya que la bruja perdía su servicio, maldijo al niño. El

176 / Evangelización poderosa

día que la tía maldijo al niño, la madre regresó a su casa y lo encontró en una condición degenerada, como un animal. Al pasar de los años su condición empeoró, hasta que nos topamos con él en Johanesburgo.

Los resultados del quebrantamiento de la maldición fueron sorprendentes. En dos días, el niño regresó hablando a las reuniones, y podía reconocerme. Su madre informó que había mejorado mucho desde que oramos por él. Volvimos a orar por él ese día, sin mucho progreso adicional. Luego de marcharnos de África del Sur, otros cristianos siguieron orando con él regularmente. Cuatro meses después, regresó a casa (lo habían metido en una institución). Se matriculó en la escuela y en varios meses había avanzado dos niveles.

En Lucas encontramos el relato de la sanidad de la suegra de Pedro (Lucas 4.38-39). Dice la Biblia que Jesús «reprendió la fiebre». Este es el mismo idioma que usó Jesús para expulsar el demonio del hombre en la sinagoga en Capernaúm. Es posible que el origen de la fiebre de la suegra fuera un demonio. Fue sanada instantáneamente. Jesús le habló muchas veces a las fiebres de la misma manera que le hablaba a los demonios, porque vio la conexión entre enfermedad y Satanás.

*   *   *

Otro medio para la sanidad es el perdón de Dios. Cuando bajaron al paralítico por el techo en Capernaúm, Jesús dijo: «Hijo, tus pecados son perdonados» (Marcos 2.5). Respondiendo al ataque de los fariseos contra Él por perdonar los pecados del paralítico, Jesús preguntó: «¿Qué es más fácil: decir..., Tus pecados son perdonados, o decir, Levántate, toma tu lecho y anda?» Entonces sanó al paralítico. Obviamente el perdón de los pecados es un milagro mayor, porque abre las puertas a la vida eterna, la meta y el propósito de las señales y las maravillas.

Hay gran poder en el perdón de pecados. En 1984 hablé en una conferencia en la región central de los Estados Unidos. Después de una de las reuniones, en el estacionamiento conocí a una mujer que padecía de artritis deformadora. Su dolor era tan grande que le hacía falta un andador para moverse. Le hablé antes de orar y descubrí que su esposo la había abandonado a ella y a su hija unos catorce años antes, y poco después de eso comenzaron sus problemas artríticos. También me dijo, y a su hija que estaba con ella, que su esposo se había ido con otro hombre. Jamás le había contado eso a su hija.

Al escuchar eso me enojé por lo que Satanás había hecho y dije: «¡Basta!» He aquí una ocasión donde el Espíritu Santo conmovió mi corazón, mostrándome que la fuente de la artritis de esta mujer era que había cedido a la amargura contra su esposo y Dios. Yo estaba enojado por lo que Satanás había hecho, y el Espíritu Santo también.

Cuando dije esa palabra (casi explotó de mi boca), el poder de Dios cayó sobre la mujer. Su cuerpo tembló violentamente; sus dedos y sus piernas parecieron enderezarse. Se quebrantó el poder de la amargura y la acusación, el poder de Satanás. Entonces confesó su pecado de abrigar amargura hacia su esposo y Dios. Le aseguré el perdón de Dios. Esa noche se alivió de un 80% de su condición (hinchazón, dolor, rigidez en las coyunturas). Hacía falta más oración para el otro 20%. (Sé que recibió más oración; no sé si fue completamente restaurada). El pecado que encuentra refugio seguro en nuestros cuerpos es capaz de todo tipo de daño físico. Recibir y extender perdón era una clave para su progreso. En raras ocasiones Jesús demostró su poder de una manera mucho más asombrosa, como veremos en el próximo capítulo.

VEINTISÉIS

Poder sobre la naturaleza

Así como las *fuerzas demoniacas causan caos en la vida de los* hombres y las mujeres mediante la enfermedad y la posesión demoniaca, también pueden ejercer su pervertida influencia descontrolando la naturaleza. En el cuarto capítulo del Evangelio según San Marcos, Jesús batalló contra «una tormenta furiosa» y olas que amenazaban hundir el bote con él y sus discípulos mientras cruzaban el lago. Ese relato se usa a menudo para ilustrar la armonía interna disponible para los cristianos al encontrarse con los distintos vientos y olas de las dificultades de la vida. Aunque pudiera ser apropiada esa analogía, pasa por alto el propósito primordial del autor, que es mostrar a Jesucristo gobernando la naturaleza misma.

A los materialistas occidentales les resulta muy difícil aceptar el dominio de Cristo sobre la naturaleza. Perciben a Cristo calmando los mares como un relato fantástico que raya en animismo y sugiere una religión primitiva, hasta supersticiosa. Igualar *todas* las calamidades naturales con los espíritus malvados sería animismo, pero no lo es reconocer sencillamente la posibilidad de la influencia satánica sobre la naturaleza, y el señorío de Cristo sobre esa influencia.

Los cristianos también sucumben al racionalismo, pensando: «Bueno, esa es la divinidad de Cristo gobernando sobre las fuerzas naturales; eso no está relacionado con la manera en que vivimos hoy». Sin embargo, la Biblia enseña que Jesús realizó milagros para demostrar que tenía la autoridad y el poder para hacerlo, y que tenemos su poder a nuestra disposición para hacer las mismas obras.

Los discípulos en el bote eran pescadores de experiencia. Conocían las aguas y lo que la tormenta podía hacer; creyeron que iban a morir. «Maestro», dijeron, «¿acaso no te importa si nos ahogamos?» Luego de calmar la tormenta, Jesús los reprendió por tener miedo y faltarles la fe. Antes la respuesta de Jesús me resultaba enigmática. ¿Acaso su temor era algo irrazonable dadas las circunstancias? Entonces un día, sentado al lado del mar de Galilea y meditando sobre ese pasaje, recordé las palabras iniciales del siguiente texto: «Les dijo a sus discípulos, vamos al otro lado». La misma persona que dijo «Hágase la luz» dijo «Vamos al otro lado». Al preguntar «¿Aún no tienen fe?» ya había declarado que iban para el otro lado. El conocimiento seguro de la voluntad del Padre le dio a Jesús la libertad para dormir profundamente mientras cruzaba, aunque fuera durante una tormenta. ¡Los discípulos tuvieron que despertarlo!

Las palabras que Jesús empleó para calmar el lago, «calla, enmudece», se parecen a las empleadas para vencer a los demonios y a la enfermedad. En el ataque de la naturaleza vio la obra de Satanás. Este fue un encuentro de poder típico en el que Jesús estaba en guerra con el autor de la destrucción.

*   *   *

Cuando comencé a enseñarle a mi congregación sobre ese tipo de encuentro de poder tuve una experiencia cómica que me dio una lección de humildad. En mayo de 1982 prediqué una serie de sermones sobre las obras de Jesús en la naturaleza. Durante la semana entre mi tercer y cuarto sermón viajé a Denver, Colorado, donde tenía un compromiso para hablar.

A Denver le llaman la «Ciudad a una milla de altura», por su localización a más de 1524 metros de altura en las majestuosas montañas rocallosas. Repentinas tormentas primaverales con acumulaciones de más de medio metro de nieve no son algo fuera de lo común. El jueves una de esas tormentas azotó la ciudad, cerrando el aeropuerto y deteniendo el tránsito en la carretera. Decidí orar contra la tormenta. Oré durante dos días y no pasó nada. La tormenta aumentó. Estuve atrapado en Colorado durante el fin de semana.

Ese domingo por la mañana, de vuelta en la asoleada California, Bob Fulton, mi co-pastor en *Vineyard Christian Fellowship*, se paró ante la congregación y anunció que yo no iba a predicar. «John se quedó atascado en una tormenta en las montañas rocallosas», dijo él. «No podrá hablarnos sobre la autoridad de Cristo sobre la naturaleza». Me contaron que tuvieron que esperar varios minutos antes que terminaran de reírse, y hasta el día de hoy los miembros de la iglesia me recuerdan el incidente de cuando en cuando.

✳   ✳   ✳

No todos los relatos sobre la oración contra tormentas terminan en fracaso. C. Peter Wagner informa un incidente asombroso que sucedió en septiembre de 1984 en una reunión en Stuttgart, Alemania, del Comité de Evangelización Mundial de Lausana. Durante la reunión del Comité recibió informes de que el huracán Diana estaba a punto de azotar la costa sureste de los Estados Unidos, y el estado de Carolina del Norte iba a recibir el mayor impacto. Los informes eran alarmantes; se calculaba que podría haber gran pérdida de vida y propiedad. Leighton Ford, presidente del Comité de Evangelización Mundial de Lausana, tenía una casa en la ruta anunciada de la tormenta. Creyó que él y muchos otros podían perder sus casas.

«Eran como las diez y media de la mañana cuando recibimos noticias sobre Diana», recuerda ahora el doctor Wagner. «Allí mismo, en la reunión, Kristy Mosvold de Noruega sugirió que orara contra ella. Así que me puse de pie y comencé a orar, usando el modelo de las oraciones de Cristo contra las tormentas. Ejercí autoridad sobre ella, reprendiéndola, sintiendo una unción especial del Espíritu. Dos horas después el Comité recibió noticia mediante la Cadena de las Fuerzas

Armadas de que el huracán se quedó misteriosamente en el mar. Se salvó la casa de Leighton Ford. La semana siguiente la revista *Newsweek* publicó un artículo en el que los meteorólogos dijeron que el hecho de que Diana se apartara de la costa era algo inexplicable. Luego Diana regresó y afectó la costa, pero el daño fue mínimo y no sucedió nada tierra adentro.

Quizá lo que sucedió fue algo peculiar de la naturaleza, algo que los científicos modernos todavía no pueden comprender porque no tienen la tecnología necesaria. Sin embargo, basándonos en la Biblia, otra posible explicación es que Dios respondió a las oraciones del Comité de Lausana, previniendo la pérdida de muchas casas y vidas, y evitando mucho sufrimiento.

Poder sobre la muerte

«*L uego el fin*» *enseñaba Pablo,* «*cuando entregue el reino al* Dios y Padre, cuando haya suprimido todo dominio, toda autoridad y potencia. Porque preciso es que él reine hasta que haya puesto a todos sus enemigos debajo de sus pies. Y el postrer enemigo que será destruido es la muerte» (1 Corintios 15.24-26). Jesús odiaba la muerte, el arma más poderosa de Satanás, porque es el resultado definitivo del pecado.

A diferencia de liberar personas de espíritus malvados, lo que Cristo al parecer hacía cada vez que se encontraba con una persona dispuesta, y la sanidad, que realizaba con gran frecuencia, la resurrección era infrecuente. Pero las resurrecciones milagrosas, y la restauración de la vida de personas muertas, tienen enorme significado. Eran un anticipo de la era por venir, quizá más que ninguna otra clase de milagro, indicaciones claras para Satanás de que Jesucristo invadía este mundo y lo vencía. Los Evangelios registran tres relatos específicos y uno general de su resurrección de los muertos.[1] Estos milagros afectan a Satanás en su fortaleza mayor y señalan que Jesús quebrantó su reinado.

En Lucas 7.11-17 Jesús resucitó al hijo de una viuda. Al llegar al pueblo de Naín, se encontró con la procesión fúnebre del hijo de la viuda. Lucas escribió: «Y cuando el Señor la vio, se compadeció de ella y le dijo: No llores». Entonces le ordenó a su hijo que se levantara. La reacción de la muchedumbre fue exclamar que «Dios ha visitado a su pueblo».

Jesús es la encarnación de su Padre, de la misma naturaleza, funcionando en perfecto acuerdo con su voluntad para la redención de la raza humana. La voluntad del Padre es ayudar personas, extender compasión y misericordia. La resurrección les aseguraba a las personas que Dios las amaba, y que algún día hasta la muerte sería vencida.

* * *

La idea de que *hoy día* Cristo puede resucitar a alguien de entre los muertos es algo que resulta difícil de aceptar para la mayoría de los cristianos occidentales. Sin embargo, he escuchado muchos informes (casi todos de países fuera del mundo occidental) en que Dios obra de esa manera.

Por ejemplo, considere el relato de Leslie Keegel, un misionero de la Iglesia Cuadrangular que trabaja en Sri Lanka desde 1976. La cultura budista de Sri Lanka tiene la reputación de resistir al evangelio. Sin embargo, actualmente hay señales prometedoras de budistas e hindúes que vienen a Cristo. La Iglesia Cuadrangular ha crecido de un puñado a fines de la década de los años setenta a casi nueve mil en la actualidad, y gran parte del crecimiento viene de la evangelización poderosa. Hasta hay un informe de una resurrección. En 1982 Siripala y Winefreda, una pareja de edad madura que vive en las afueras de Colombo, tuvieron un niño que enfermó gravemente. Los atribulados padres le pidieron ayuda a unas amistades cristianas, pero cuando llegaron el niño estaba muerto. Leslie Keegel por fin oró por el niño, y resucitó. Unos cuarenta familiares aceptaron a Jesucristo al escuchar acerca de su poder y el evangelio al resucitar al hijo de Siripala y Winefreda de entre los muertos.

* * *

Hoy día el creer en la *posibilidad* de que alguien resucite de los muertos afecta la fe y la práctica de los cristianos occidentales. Sin embargo, relatos como el de Leslie Keegel muchas veces son recibidos con escepticismo. «¿Por qué no sucede cerca de nosotros?» son las palabras que escucho frecuentemente. Sin embargo, creo que sí sucede en la sociedad occidental.

El 19 de mayo de 1985 a las tres y media de la madrugada Steven Christopher Dixon de ocho meses de edad salió a gatas por una puerta de alambre que se había quedado abierta hacia el patio y se cayó en la piscina de la familia en Westminster, California. Aproximadamente media hora después Gina, su hermana de trece años, lo descubrió en el agua y gritó. Su padre, Steven L. Dixon, fue corriendo.

«Lo saqué inmediatamente y empecé a darle primeros auxilios», recuerda Dixon. «Mi esposa, Dexcine, estaba en el trabajo, así que le dije a Gina que llamara a los paramédicos».

Cuando llegaron, encontraron al «niño muy blanco», informó el Capitán Elvis Easley del Departamento de Bomberos de Westminster. «Vi salir mucho fluido de la boca del niño». El corazón del pequeño Steven no latía y estaba, según el informe publicado en *Los Angeles Times*, clínicamente muerto. En la ambulancia, un monitor cardiaco registraba solo una línea recta, indicando que no había actividad cardiaca alguna.

En el hospital una máquina cardiaca estimuló un latido lento. Normalmente las víctimas de ahogo que han estado sumergidas tanto tiempo como Steven mueren o sufren severo daño cerebral. El doctor Patrick Walsh, director de cuidado intensivo pediátrico del hospital, dijo: «Cerca de cero sobreviven; el ciento por ciento de las veces que una víctima tiene paro total, hay daño severo o muerte». Walsh añadió que cuatro a seis minutos sin oxígeno basta para causar severo daño cerebral.

Poco después que el niño fuera llevado al hospital una amistad de la familia le pidió a Josh Stewart, un pastor asociado en la cercana Newport Vineyard, que viniera a orar por el bebé. Dexcine Dixon era cristiana; su esposo Steven no lo era. Cuando el pastor Stewart llegó al hospital el corazón del niño todavía latía con la ayuda de una máquina cardiaca. El médico no tenía mucha esperanza.

Dexcine le pidió a Josh que orara por el niño, y el médico accedió. Una enfermera y familiares observaban a Josh ponerle las manos a Steven mientras oraba en silencio: «Devuélvele la vida. No permitas que haya ceguera o daño cerebral alguno. Devuelve un latido y una función cerebral normal». La oración no fue conmovedora, y solo duró tres o cuatro minutos, aunque Josh sintió la presencia de Dios. Luego Josh se fue a casa.

Una hora después una emocionada Dexcine Dixon llamó a Josh por teléfono para decirle que Steven había recuperado el latido cardiaco y un pulso normal. Una semana después Steven regresó a casa, completamente normal. No había daño cerebral, ceguera ni sordera.

No se puede probar científicamente que Steven Christopher Dixon resucitó de entre los muertos. En realidad, los médicos en el hospital creyeron que una extraña reacción corporal llamada hipotermia podría explicar la recuperación de Steven. Pero la hipotermia por lo general sucede solo en agua muy fría; es rara en California debido a las altas temperaturas del agua. «Eso es lo raro de este caso», admitió el doctor Walsh.

Steven L. Dixon, el padre del niño, tenía una explicación diferente: «Es fenomenal, un milagro. Literalmente nació de nuevo, y le agradecemos a Dios por eso». Dixon mismo nació de nuevo ese día porque mediante la experiencia le consagró su vida a Cristo. Luego Dexcine Dixon afirmó: «Dios nos dio una segunda oportunidad. Desde el momento en que fue encontrado, hasta ahora mismo, fue obra del Señor».

Cómo hacer las obras de Jesús

Lea *Evangelización poderosa*, Sexta parte, capítulos 23—27, y *Power Healing* [Sanidad poderosa], capítulos 4—7.

Propósito

Muy pocos de entre nosotros resucitaremos muertos. Pero todos nos encontraremos con la enfermedad y los demonios en los demás. Tal y como lo demuestra la vida de Jesús, sanar a los enfermos y endemoniados es algo integral para la evangelización, un catalítico para grandes cosechas. En esta sesión verá cómo se relaciona con la evangelización el orar por los enfermos y el enfrentarse a los demonios.

Debate

¿Ha tenido la oportunidad en encuentros evangelísticos recientes de orar por alguien que estaba enfermo? ¿Ha encontrado demonios en las personas? ¿Ha tenido alguna vez conocimientos sobrenaturales sobre las personas al hablarles? ¿Resultaron en conversiones esos encuentros? Al recordar sus experiencias evangelísticas recientes, ¿reconoce ahora situaciones que pudieron ser oportunidades para la evangelización poderosa?

Plan de acción

Divídanse en grupos de tres o cuatro y oren el uno por el otro, pidiéndole al Espíritu Santo que los llene y los fortalezca para orar por los enfermos, expulsar demonios, tener conocimiento sobrenatural y, lo que es más importante, predicar el evangelio con valor.

Nombre	Escala de Engel	Asuntos candentes	Plan de acción
1.			
2.			
3.			
4.			
5.			
6.			
7.			
8.			
9.			
10.			

Ahora revise y ponga al día su lista de diez personas de la semana anterior. Ore diariamente por ellos, pidiéndole a Dios la oportunidad de contarle su testimonio a uno de ellos esta semana.

Para la semana próxima

Dispóngase a contarle al grupo su experiencia evangelística, recalcando sobre todo su encuentro de poder, de haber tenido alguno.

Lea *Evangelización poderosa*, Séptima parte, capítulos 28—31. Lea también, *Power Healing* [Sanidad poderosa], capítulos 11—12.

Señales y maravillas en la Iglesia

El método de discipulado de Cristo

Cuando los cristianos del primer siglo llegaban a un pueblo nuevo, los acompañaban las señales y las maravillas. Comenzando con el Pentecostés, la evangelización poderosa se extendió por la zona del Mediterráneo, demostrando que el Reino de Dios había venido. Desde Jerusalén hasta Roma, desde Asia hasta Europa; entre judíos, samaritanos y gentiles; en cada pueblo, cultura y raza, se estableció el dominio de Dios. Eso no debiera sorprendernos: una parte principal del ministerio de Cristo se dedicó a preparar discípulos para hacer las obras del Padre, preparándolos para dirigir la Iglesia creada en Pentecostés.

Pero el método de enseñanza de Cristo es difícil de entender para los cristianos occidentales. Hay varias razones para eso. Los evangélicos le dan mucha importancia a la acumulación de conocimiento sobre Dios mediante el estudio bíblico. Cristo estaba más orientado hacia la acción; sus discípulos aprendieron haciendo las cosas cómo las hizo Él.

El estudio científico de la Biblia, específicamente, el estudio gramático-histórico de las Escrituras, es el principal método de enseñanza, a no ser el exclusivo, entre los evangélicos occidentales en la actualidad, especialmente en nuestros seminarios. El método gramático-histórico emplea la historia, la lingüística y la teología histórica para descubrir qué indicaba la Biblia para sus lectores del primer siglo. El método presupone correctamente que lo que Dios deseaba decirles a los cristianos del primer siglo es lo que también indica para nosotros.

Pero el método gramático-histórico tiene algunos problemas relacionados con el proceso del discipulado. En primer lugar, muchos profesores de seminario admiten que confiar en un método intelectual dentro de una estructura orientada por el aula tuerce la meta del proceso de discipulado hacia la formación intelectual y la aparta de la formación moral y espiritual. Como veremos, el método de enseñanza de Cristo era rabínico, orientado más hacia el aprendizaje de una manera de vivir activa que hacia la acumulación de conocimiento sobre Dios.

El segundo problema es que los evangélicos tienden a confiar solo en este método para la formación del carácter. Eso lleva a un entendimiento intelectual del cristianismo. Si el método gramático-histórico fuera usado como una herramienta entre muchas, es posible que no existiera la presente tendencia hacia la intelectualización de la fe cristiana. Pero por lo general la situación no es así.

Como dice el erudito neotestamentario Russell P. Spittler:

> El método histórico-crítico, al aplicarse a la Biblia, es legítimo y necesario, pero inadecuado,... inadecuado porque... la meta del estudio bíblico no puede consistir en fechas históricas ni en juicios tentativos sobre orígenes literarios complicados e hipotéticos. La meta del estudio bíblico consiste más bien en fortalecer la fe, la esperanza y el amor tanto para la persona como para la comunidad. El método histórico-crítico es inadecuado, en otras palabras, porque no se ocupa de la piedad.

Para Spittler, un elemento importante de la piedad es la comunicación de Dios mediante la oración y la Biblia.[1]

El último problema tiene que ver con el efecto que tiene el método gramático-histórico del proceso del estudio bíblico. Hace falta que el estudio bíblico se efectúe en el espíritu de fe, esperanza y amor. Por su naturaleza, el método gramático-histórico es una tarea intelectual rigurosa. El estudiante llega a depender del estudio en lugar de depender del Espíritu Santo. Cristo fundamentó su enseñanza en las Escrituras, y la meta de su enseñanza era la piedad, aprender a escuchar la voz de Dios y hacer su voluntad.

Entre los cristianos occidentales, otro obstáculo para entender el método de discipulado de Cristo es el rechazo actual de las señales y las maravillas. Estas son reconocidas por todos los evangélicos occidentales como necesarias para comprobar la divinidad de Cristo. Además, las señales y las maravillas fueron un factor clave en el establecimiento del mensaje apostólico de los Doce y de Pablo. Pero la mayoría de los cristianos occidentales rechazan o adoptan una actitud generalmente negativa hacia las señales y las maravillas después del primer siglo. Eso disminuye la eficiencia del ejemplo de Cristo para nosotros y descuenta mucho de lo Cristo quería que hiciéramos. Muchas veces lo que queda como ejemplo para los cristianos, incluso los evangélicos, es un buen ejemplo moral, no un Señor dinámico que conquista a Satanás. Eso resulta en discípulos excesivamente intelectuales, ciertamente no un pueblo que hace temblar a los demonios.

Un examen minucioso de cómo Jesús adiestró a los discípulos para realizar señales y maravillas y cómo ejercieron ese ministerio después de la ascensión revela muchos de los elementos clave para practicar la evangelización poderosa hoy día. Ese es el tema del próximo capítulo.

VEINTINUEVE

Clave para el discipulado

L as señales y las maravillas fueron la prueba de que Jesucristo era el Mesías, las tarjetas de presentación del Reino de Dios. Su presencia en la Iglesia primitiva demuestra que Jesús quería que fueran parte integral del ministerio de los discípulos.

Los discípulos aprendieron de Jesús a hacer las obras del Reino. Es probable que no siempre entendieran el propósito de sus milagros, pero aprendieron a hacer señales y maravillas con asombroso éxito. El método pedagógico de Jesús era el método del día: rabínico. Un rabino servía mientras los estudiantes observaban; entonces se marchaban en misiones cortas, volviendo para recibir más instrucciones y corrección de parte del maestro. Luego de repetir este proceso por años, y cuando el rabino estaba convencido de que sus discípulos estaban formados en *su* manera de vivir, los enviaba a convertirse en rabinos y enseñarles a otros mediante el mismo proceso.

Cristo empleó ese mismo método de enseñanza con sus discípulos. Cristo, el Maestro, el Rabino, educó a sus discípulos en *su* camino de vida, transmitiendo su carácter, y las metas de su enseñanza eran la fe, la esperanza, el amor, el gozo y la paz. Realizar señales y maravillas, expulsar demonios, sanar a los enfermos, hasta caminar sobre el agua, eran los medios por los que los discípulos aprendieron más sobre la naturaleza de Dios. Los discípulos entendieron y aceptaron lo que Jesús esperaba de ellos. Jamás leemos que objetaran a que se les *pidiera* que realizaran las obras de Jesús, solo que se sentían ineficientes para cumplir con sus ordenanzas.

*   *   *

En los primeros años de mi niñez visité con frecuencia una caballeriza en Illinois donde trabajaba mi abuelo. Él entrenaba caballos de paso fino de Tennessee. Ellos tienen un asombroso paso pavoneado, distinto del de cualquier otro caballo en el mundo. Un día estaba con él mientras trabajaba con un caballo que tenía problemas con su paso. Su solución era unir un marcapaso, un caballo con la marcha correcta, al caballo con el problema y dejar que cabalgaran juntos. Después de unos días, se resolvió el problema del paso del caballo. Mi abuelo me explicó que cuando un caballo no puede hacer su trabajo, uno lo conecta con uno que sí puede y pronto ambos pueden hacer el trabajo correctamente.

He enseñado a hombres y mujeres durante treinta y dos años. Durante ese período he aprendido que el secreto para el éxito con las personas es el mismo que con los caballos: unir a una persona que no puede hacer su trabajo con una que puede, y pronto ambas sabrán cómo hacerlo. Así fue que Cristo enseñó a los Doce: ellos vivieron con Él, y pronto vivieron como Él. La evangelización poderosa se aprende de igual manera. Estar con alguien que sabe hacerlo es la mejor manera de aprender a hacerlo uno mismo.

El criterio principal par llegar a ser uno de los Doce era la disposición de seguir a Cristo, andar con Él, y elegir llegar a ser como Él. Aparte del deseo, lo único que los discípulos tenían en común era que eran judíos de clase media social y económica, que vivían en Galilea. (Judas fue la excepción; los otros eran principalmente pescadores).

Mediante el compromiso mutuo, Jesús hizo discípulos de los Doce. Desarrolló un carácter maduro y liderazgo en ellos. Les enseñó a hacer señales y maravillas. Estuvieron con Él durante tres años, y cuando quedaron solos, siguieron por el camino de Cristo. Realizaron señales y maravillas y enseñaron a la próxima generación a que también las realizaran.

Pero a los discípulos les resultó difícil aprender a hacer señales y maravillas. A menudo entendieron mal las enseñanzas de Cristo (Mateo 13.36; 15.15; 16.6-12). No fue sino hasta la resurrección que llegaron a comprender por completo la misión de Él, y aun entonces requerían corrección adicional (Marcos 8.31-32; 9.31-32; Hechos 1.6). También entendieron mal la autoridad de Cristo con relación al Reino de Dios (Marcos 10.35-40; Lucas 9.46-48). Pero Jesús fue paciente con ellos, porque su meta era edificar personas que hicieran la voluntad del Padre.

Durante tres años, los Doce estuvieron en un ambiente de aprendizaje. No solo aprendieron nuevas ideas, sino que también desarrollaron nuevas destrezas y talentos. Estaban dispuestos a aprender porque veían una gran diferencia entre la vida de Cristo y la suya. El crecimiento progresivo se produjo por ensayo y equivocación.

El ministerio inicial de todos los discípulos, especialmente el de Pedro, se caracterizó por frecuentes fracasos (Lucas 9.37-43, 52-55). Su intento abortivo de caminar sobre el agua (Mateo 14.25-33) es uno de los muchos ejemplos. Mientras los discípulos continuaron viviendo con Cristo, sus fracasos disminuyeron y sus éxitos se hicieron más frecuentes. Cada nuevo paso de fe fue un trampolín para que su Maestro los empujara, expandiendo su cosmovisión y ampliando su entendimiento de Dios.

*   *   *

Quizá la lección más difícil que los discípulos aprendieron fue cómo tener la fe que resulta en milagros. Es posible que esté siendo excesivamente sensible a eso porque se me hizo tan difícil aprender este tipo de fe. Pero creo que no.

Por ejemplo, considere la alimentación de los cinco mil (Marcos 6.33-44). Este es uno de los milagros más grandes en el Nuevo Testamento. De este episodio se pueden aprender varios puntos acerca de la fe que ayudan a practicar la evangelización poderosa.

En primer lugar, Jesús fue motivado por la compasión. «Y salió Jesús y vio una gran multitud, y tuvo compasión de ellos, porque eran como ovejas que no tenían pastor». La compasión divina de Jesús, su misericordia sobrenatural, muchas veces precipitaba sus obras. (Compadecido, sanó, enseñó, realizó milagros, levantó a los muertos y expulsó demonios; véase Mateo 20.34; Marcos 1.41; 5.19; 6.34; 8.2-10; Lucas 7.11-17). Nosotros también necesitamos pedirle a Dios su compasión.

En segundo lugar, Jesús, oyendo a su Padre, no cedió al deseo de los apóstoles de despedir a la muchedumbre. Los apóstoles, observando el hambre de las personas y su falta de recursos inmediatos, concluyó que la muchedumbre debía ser dispersada. Su solución era bastante razonable; no pensaron en una provisión milagrosa. Pero si Jesús hubiera accedido a su sugerencia de dispersar la muchedumbre, se hubiera perdido uno de los mayores milagros registrados en la Biblia. Me pregunto, ¿cuántas veces perdemos los milagros hoy «de manera racional y razonable»? Jesús escuchó al Padre, no a los discípulos, y se realizó el milagro.

En tercer lugar, Jesús usó en esta ocasión la ceguera espiritual de los discípulos para prepararlos en las señales y las maravillas. «Dadles de comer» es su respuesta a la sugerencia de dispersar la muchedumbre. Eso por supuesto les dio a los apóstoles razón para revaluar sus recursos: cinco panes y dos peces. Fue un momento crucial en su enseñanza. Se les estaba pidiendo que hicieran algo para lo cual no tenían recursos adecuados. He descubierto que orar por la sanidad de una persona ciega tiene el mismo efecto en mí. Sé que mis recursos son inadecuados. Los milagros ocurren mediante nuestra insuficiencia, el crisol en el cual se forma la fe.

En cuarto lugar, Jesús les dio instrucciones a los discípulos y ellos obedecieron. Les dijo que organizaran la muchedumbre «por grupos, de ciento en ciento, y de cincuenta en cincuenta». No sabían de dónde vendría la comida; sin embargo, prepararon al pueblo para recibirla. Hoy estamos en la misma posición: tenemos que escuchar y actuar basados en las instrucciones de Jesús, aun cuando no podamos ver la provisión.

Por último, el milagro de la multiplicación de los panes y los peces probablemente ocurrió en manos de los apóstoles así como en las de Cristo. Le había ordenado a los apóstoles que les dieran algo de comer. Muchos comentaristas creen que el milagro de la multiplicación solamente ocurrió en las manos de Jesús. Podrían tener razón, pero el pasaje permite que se piense que el milagro también ocurrió en manos de los discípulos así como en las de Cristo, como el exorcismo y la sanidad.

Una posible interpretación es que a los apóstoles, tras la bendición de Cristo, se les entregó una porción escasa de pan y pescado. Entonces fueron a la muchedumbre y comenzaron a repartirlos, y la multiplicación ocurrió ante sus ojos. El milagro estaba en sus manos y en sus corazones. Aprendieron que la multiplicación podía suceder a través de ellos. Solo Dios puede obrar milagros, pero frecuentemente lo hace mediante las manos de los cristianos.

Debemos aprender mejor que los apóstoles de ese milagro. Luego, después que Jesús caminara sobre el agua, Marcos dice: «Y subió a ellos en la barca, y se calmó el viento; y ellos se asombraron en gran manera, y se maravillaban. Porque aún no habían entendido lo de los panes, por cuanto estaban endurecidos sus corazones» (Marcos 6.51-52). Jesús tuvo que mostrarles a los Doce una y otra vez cómo realizar señales y maravillas. Con la ayuda del Espíritu Santo y con dócil corazón, podemos evitar algunos de sus fracasos.

TREINTA

El ministerio de la comisión

*E*n Lucas 9.1-2 leemos: *«Habiendo reunido a sus doce discípulos,* les dio poder y autoridad sobre todos los demonios, y para sanar enfermedades. Y los envió a predicar el Reino de Dios, y a sanar a los enfermos». Enviaba a los discípulos como embajadores personales; así que salieron en su autoridad y poder.

Su comisión es análoga a la del maquinista de un tren. Este dirige poderosas máquinas, y el éxito depende de trabajar dentro de itinerarios específicos, en los rieles correctos, y a las velocidades apropiadas. Con demasiada frecuencia creemos que la autoridad y el poder de Dios es una *carte blanche* para hacer lo que quérramos, algo que se parece más a manejar un auto que un tren. En realidad, la comisión a los Doce vino con agudas limitaciones: ellos solamente habrían de hacer la voluntad del Padre.

Cuando los envió, Jesús les dio a los discípulos instrucciones prácticas (Mateo 10.5-20). Les dijo a dónde y a quién debían ir. Iban a proclamar el Reino de Dios, ofreciendo generosamente sanidad, por grandes que fueran las necesidades, porque ellos mismos habían recibido libremente. Se observaba una manera sencilla de vivir de confiar en Dios y escasa posesión de bienes materiales (para tener libertad de movimiento). Recibieron hospitalidad y apoyo material de las personas receptivas a su mensaje y evitaron perder tiempo con los que rechazaban al Reino. Se esperaba la persecución, así que se les enseñó a operar sabiamente empero a guardar su inocencia (una tarea que no es fácil, aunque la vida de Cristo fue su modelo). En todas las ocasiones el Espíritu de Jesús los ayudaría a instruirlos.

Aunque se les dio la autoridad y el poder del Reino de Dios, aun así los Doce tenían que ejercerla. El poder, como yo también he aprendido, viene al ejercer lo que Dios ha dado. Los discípulos solamente podían dar lo que habían recibido, pero al dar recibían más. Hasta que realmente sanaron a los enfermos y expulsaron demonios, su autoridad y poder significaban poco para ellos.

Los Doce enfrentaron dificultades, aunque al principio sus excursiones fueron exitosas, ¡hasta los demonios se les sujetaban! Sin embargo, pronto enfrentaron dificultades con su orgullo y su carnalidad. Por ejemplo, trataron de detener a otros que sanaban en nombre de Jesús, y recayeron en la incredulidad. También experimentaron persecución de parte de líderes religiosos.

En Lucas 9.41, leemos sobre la respuesta de Cristo al fracaso de los discípulos, en este caso su incapacidad de expulsar un demonio de un niño: «¡Oh generación incrédula y perversa! ¿Hasta cuándo he de estar con vosotros, y os he de soportar?» Jesús se frustró por su falta de fe. Para él era muy importante que aprendieran a expulsar a todos los demonios, para que una vez que partiera de la tierra ese ministerio continuara.

Cristo libró al niño del espíritu malo inmediatamente, usando la ocasión para enseñarle a los discípulos que pronto no tendrían su ayuda. «Haced que os penetren bien en los oídos estas palabras; porque acontecerá que el Hijo del Hombre será entregado en manos de hombres» (Lucas 9.44). Les hacía falta aprender sobre la fe para la liberación, porque pronto iba a dejarlos.

Las señales y las maravillas se realizaban mediante la fe de los seguidores, estimulados por la dirección del Espíritu Santo. Cuando los discípulos estuvieron con Jesús fueron preparados en la fe para los milagros. Cuando Pedro y Juan sanaron al hombre lisiado en la puerta llamada la Hermosa, Pedro explicó que no se debía a su espiritualidad; la fe en el nombre de Jesús sanó al hombre (Hechos 3.1-10). Esta fe afirmativa tiene confianza sin necesidad de prueba o evidencia, y una disposición a mantenerse firme en lo que Dios ordene. (No implico que afirmemos que alguien está sanado cuando los síntomas de la enfermedad aún están presentes. La fe para la sanidad significa que creemos que Dios hoy puede sanar personas específicas y hay un sentido específico de la obra de Dios).

La expansión del ministerio de las señales y las maravillas de Uno a muchos tiene efectos cósmicos. Cuando Jesús envió a los Doce, y luego a los setenta y dos, aumentó las posibilidades para la liberación del pueblo del diablo. El reino de la tiniebla sufrió derrota. La expansión del Reino de Dios, y la consiguiente derrota de Satanás, es afectada por la cantidad de cristianos que realizan señales y maravillas.

El ministerio de la transferencia

Durante tres años Jesús les enseñó a los discípulos cómo servir con corazón misericordioso y compasivo, escuchar al Padre, crecer en dependencia del Espíritu Santo, ser obedientes a la dirección de Dios, y creer que Dios realiza milagros por medio de hombres y mujeres. Aunque muchas veces olvidaron o interpretaron mal lo que se les enseñó, la comisión que recibieron tras la resurrección, tal y como se registra en Marcos 16.14-20, era consecuente con su enseñanza:

> Finalmente se apareció a los once mismos, estando ellos sentados a la mesa, y les reprochó su incredulidad... Y les dijo: Id por todo el mundo y predicad el evangelio a toda criatura... Y estas señales seguirán a los que creen: En mi nombre echarán fuera demonios; hablarán nuevas lenguas; tomarán en las manos serpientes, y si bebieren cosa mortífera, nos les hará daño; sobre los enfermos pondrán sus manos, y sanarán... Y ellos, saliendo, predicaron en

todas partes, ayudándoles el Señor y confirmando la palabra con las señales que la seguían.

Me resulta asombroso que muchos cristianos occidentales se sorprenden del énfasis en las señales y las maravillas en esta comisión. Sin embargo, la manera en la cual los discípulos cumplieron la gran comisión indica la consagración de Cristo a la evangelización poderosa, una parte clave de su enseñanza.

Algunos han negado la veracidad de Marcos 16.9-20. Aunque es cierto que varios de los manuscritos más antiguos y confiables no contienen este pasaje, todas las tradiciones cristianas lo han incluido en el canon de las Escrituras. Pero aunque se excluyera el pasaje del canon, no podemos pasar por alto la abrumadora evidencia de que los primeros discípulos cumplieron de hecho la comisión que aparece en Marcos: expulsaron demonios, hablaron en lenguas, recogieron serpientes, y sanaron a los enfermos. Si el pasaje no estuviera en el texto original, surge otra pregunta: ¿Por qué se añadió un texto tal, de haber sucedido de esa manera, como sugiere la evidencia (*no* lo confirma), durante el segundo siglo?

Lucas fue el teólogo del Espíritu Santo. En el primer capítulo de Hechos, escribió que Hechos fue un volumen adjunto a su Evangelio. El propósito de su Evangelio era escribir todo lo que Jesús hizo y enseñó (Hechos 1.1). En Hechos, Lucas continuó el relato de las obras y la enseñanza de Jesús, aunque ahora lo hacían los discípulos (Hechos 1.8).

Lucas comenzó el libro de Hechos contrastando a los discípulos antes del Pentecostés con el grupo fortalecido posterior. En Hechos 1, los discípulos todavía operaban conforme a los principios del Antiguo Testamento. Entendieron mal la misión de Cristo (Hechos 1.6); eligieron al sustituto de Judas echando suertes, recordando el Urim y el Tumim del Antiguo Testamento (Éxodo 28.30). Después que vino el Espíritu, cuando hacía falta que alguien fuera elegido para ocupar un oficio, usaron métodos diferentes (véase Hechos 6.1-6). La enseñanza que recibieron en el discipulado se unió al derramamiento catalizador del Espíritu de Dios el día de Pentecostés. Se desató la evangelización poderosa sobre el mundo.

Como señalé en el capítulo 12, hay al menos diez tipos de señales en el libro de Hechos que produjeron crecimiento en la Iglesia. El siguiente es un resumen de los tipos de fenómeno en Hechos:

Dones del habla. Las lenguas y la profecía ocurren cuatro veces en Hechos, como resultado de tres de las cuales la iglesia creció. Por ejemplo, el día de Pentecostés los discípulos «fueron todos llenos del Espíritu Santo, y comenzaron a hablar en otras lenguas, según el Espíritu les daba que hablasen ... y se añadieron aquel día como tres mil personas» (Hechos 2.4,41).[1]

Visiones. Las visiones ocurren cuatro veces. Cornelio, el centurión de Cesarea, recibió una visión, una respuesta a sus oraciones, y se le dijo que mandara a buscar a Pedro. Al día siguiente, Pedro tuvo una visión relacionada. Las dos visiones resultaron en que se predicara el evangelio a los gentiles por vez primera, y muchos respondieron siendo bautizados (véase 10.1,3,9,47).[2]

Muertos resucitados. Se registran dos resurrecciones. La primera es Dorcas (o Tabita, como se llamaba en Arameo); Pedro la resucitó, y «muchos creyeron en el Señor» (9.40-42). La segunda es Eutico, resucitado por Pablo, sin que se haya registrado resultado evangelístico alguno (20.7-12).

Milagros misceláneos. Se registran seis milagros específicos. En la isla de Malta una víbora mordió a Pablo y no sufrió efectos dañinos. De acuerdo con la tradición de la Iglesia, el pueblo respondió al milagro creyendo en Cristo, y se estableció la iglesia (28.3-10).[3]

También hubo fenómenos que se compararon con los milagros de la naturaleza. Por ejemplo, el que se le abrieran las puertas a Pedro en Hechos 12; el terremoto, las cadenas sueltas y las puertas abiertas en Hechos 16; y el sonido como viento y lenguas como de fuego en Hechos 2. El último fenómeno resultó en tres mil convertidos (Hechos 2.41).

Sanidades. Hay siete sanidades específicas. Pedro sanó la parálisis de Eneas, resultando en la conversión de los pueblos de Lida y Sarón (Hechos 9.32-35).[4]

Visitas angelicales. Hay tres visitas registradas. Un ángel le dijo a Felipe que fuera un camino desértico al sur de Jerusalén; allí evangelizó al eunuco etíope (Hechos 8.26-40). De acuerdo con la tradición de la Iglesia, el eunuco regresó a Etiopía y estableció la iglesia.[5]

¿Qué se puede concluir de mi breve repaso del libro de Hechos? En primer lugar, la Iglesia primitiva, particularmente los Doce, continuaron el ministerio de Cristo, y esto incluyó las señales y las maravillas. Cristo los enseñó a hacerlas, y las hicieron bien. En segundo lugar, los Doce no solo sanaron a los enfermos, expulsaron demonios y tuvieron visiones. Otros cristianos lo hicieron también. Las señales y las maravillas eran parte de la vida diaria, la Iglesia las esperaba. Pablo, Esteban, Cornelio, Ananías, ninguno de ellos miembros originales de los Doce, practicaron las señales y las maravillas. Por último, las señales y las maravillas resultaron en un crecimiento espectacular de la iglesia. Fueron un catalítico para la evangelización.

Ministerio de transferencia

Lea *Evangelización poderosa*, Séptima parte, capítulos 28—31.

Propósito

En esta sesión verá cómo Jesús les enseñó a los Doce y qué implicaciones tiene eso para la evangelización poderosa. Su meta será consagrarse más y tener más confianza en la evangelización poderosa.

Debate

Mire las últimas seis semanas y hágase las siguientes preguntas:

1. ¿Estoy más consciente del llamado a evangelizar?

2. ¿Les hablo ahora del evangelio a los demás?

3. ¿Veo demostraciones de poder como la sanidad y la expulsión de demonios como parte integral de la evangelización?

4. ¿Realmente he orado por la enfermedad de una persona o intentado confrontar un demonio? ¿Cuáles fueron los resultados?

5. ¿Estoy más consciente de las citas divinas? ¿He tenido alguna cita dramática?

6. ¿Tengo mayor fe para los milagros?

Sugerencias para hablar del evangelio esta semana

Jamás:

- Se ría de nadie.
- Trate de ganar una discusión. (La palabra de Dios no necesita defensa).
- Obligue a una persona a reconocer que está equivocada.
- Se dirija a las emociones de una persona. (La verdad misma se abrirá paso).
- Use demasiada jerga, como «salvo», «convencido», «lavado en la sangre», y así por el estilo.
- Critique a otra persona, iglesia o grupo.

Siempre:

- Evite las discusiones.
- Busque un diálogo real y genuino.
- Sea un buen oyente. (¡No interrumpa!)
- Pídale a Dios sabiduría mientras habla del evangelio.
- Sea sincero y admita no saber algo.

Recuerde:

- Dios se ocupa de nuestra agenda.
- La mayoría de las personas necesitan escuchar el evangelio varias veces antes de creer en Cristo.
- Todas las preguntas sobre Dios tienden a ser iguales, independientemente del grupo socio-económico de que venga el que pregunta.
- No podemos forzar nuestro punto de vista, pero podemos enseñar.
- Cuando respondemos a las preguntas de las personas, ellos son oyentes atentos.
- La meta final es que las personas crean en Cristo, pero la meta inmediata de usted pudiera ser llevarlos a través de la Escala de Engel, acercándolos a la conversión.

Plan de acción

El siguiente es un sistema a la evangelización personal que desarrollé hace años. Es una herramienta para enfocar sus oraciones y acciones en la evangelización personal, un recordatorio diario de nuestro llamado a alcanzar con el evangelio. (Podría fotocopiar esta página para su uso personal).

Nombre	Escala de Engel	Asuntos candentes	Plan de acción para el mes	Testimonio personal	Entrega de literatura	Ha orado con	Ha comunicado el plan de salvación	Invitación a un acontecimiento
1.								
2.								
3.								
4.								
5.								
6.								
7.								
8.								
9.								
10.								

Usando la lista de personas por las que ha orado y alcanzado durante las últimas cinco semanas, llene los diez (o más) espacios anteriores y entonces, durante el transcurso de cada mes, escriba la *fecha* en que realizó cada tarea.

Al final del mes puede transferir los nombres de las personas a las que se siente guiado a continuar evangelizando, y añada nuevos nombres de personas que Dios le presente en su vida. El espacio más importante es el plan de acción mensual. Ore por lo que crea que Dios desea para cada persona, y entonces ore diariamente para cumplir ese propósito.

¿Qué debo hacer?

*E*n 1981 me invitaron a predicar en la Iglesia Anglicana Saint Andrew [San Andrés] en Chorleywood, Hertfordshire, Inglaterra. David Watson y Eddie Gibbs habían animado al Obispo David Pytches, el vicario de San Andrés, para que me invitara a hablar. Consintió, invitándome por dos días, un sábado por la mañana hasta el domingo por la noche.

San Andrés es una iglesia en las afueras de la ciudad compuesta principalmente de profesionales, entre ellos miembros de la Cámara Baja del Parlamento, médicos, abogados y maestros. El pastor que precedió a David Pytches había introducido a San Andrés a la renovación carismática, que fue recibida por la mayoría de los miembros, aunque de una manera un tanto moderada. San Andrés era y es una congregación «apropiadamente anglicana»; me sentía ansioso en cuanto a cómo las personas responderían a la enseñanza sobre las señales y las maravillas.

El sábado por la mañana enseñé sobre el crecimiento de iglesia, presentándoles la relación entre lo milagroso y las iglesias crecientes. Esa noche hablé sobre la sanidad y solo hubo una respuesta moderada al orar por las personas al final de la sesión.

Ya el domingo por la mañana la iglesia zumbaba con conversaciones sobre el poder de Dios, algunas de las personas estaban molestas con lo que dije e hice la noche anterior. Luego de la liturgia eucarística, mis asociados y yo oramos por las personas. Mi cuñado, Bob Fulton, oró por una mujer que no veía por un ojo. Cuando le dijo a Bob cuál era su problema, él no la escuchó correctamente, creyendo que había dicho: «Tengo artritis». Así que oró por ella para que fuera sanada de artritis (que no tenía), pero el resultado fue que recibió la vista. Su respuesta fue comenzar a emitir gañidos, algo que no fue bien recibido por muchos en la congregación. Bob casi se desmaya. Ya el domingo por la tarde el teléfono de David Pytches sonaba incesantemente; las personas llamaban porque estaban preocupadas por lo que percibían como excesos.

Esa noche me preocupé por la manera en que la congregación recibía lo que estaba diciendo. Pero cuando comenzó el culto vespertino sentí la poderosa presencia del Espíritu Santo. Antes de marcharnos muchas personas fueron sanadas y, según se me informó luego, unos cien jóvenes entregaron su vida a Dios esa noche o inmediatamente después. Muchos de ellos se preparan hoy día para el ministerio. Hasta ese momento, fue la reunión más poderosa que hubiera dirigido fuera de las asambleas de la *Vineyard Christian Fellowship*.

Durante el fin de semana la reacción de David Pytches fue gozo y risa, aunque ni él ni yo entendíamos completamente lo que Dios estaba haciendo. Cuando me marché el lunes por la mañana, sus últimas palabras, fingiendo alarma, fueron: «Has destrozado mi iglesia. ¿Qué debo hacer?»

«¿Qué debo hacer?» Cuántas veces he escuchado esa pregunta después que las personas han experimentado el Reino de Dios y gustado el Espíritu Santo. Cuando termino de enseñar la última sesión del curso «Lo milagroso y el crecimiento de iglesia» en el Seminario Fuller, muchos de los estudiantes se me acercan preguntándome cómo debe funcionar en sus iglesias lo que he enseñado. Más de la mitad de mis estudiantes son pastores o misioneros en licencia, así que para ellos, así como para David Pytches, este es un asunto importante.

*   *   *

Hace varios años un pastor metodista que recientemente había cursado la clase de las señales y las maravillas en el Seminario Fuller me escribió pidiéndome consejo. Casi a punto de retirarse, inicialmente se había matriculado en el curso para obtener créditos que pudieran mejorar su pensión denominacional. Pero al final del semestre su vida había cambiado, había sido fortalecido por el Espíritu Santo y eso había alterado radicalmente su perspectiva para con el ministerio.

«John», escribió, «he servido en muchísimos comités y he realizado una interminable cantidad de administración. Quiero servir en el poder de Dios, ¿pero cómo puedo si siempre ando en reuniones distritales, comités de finanzas y otras reuniones burocráticas?»

Mi consejo para él fue simple: No importa dónde esté sino quién es. Como Jesús, se nos llama a hacer la voluntad del Padre sin importar el lugar donde estemos. En vez de tratar de cambiar las cosas exteriormente, le advertí, debemos permitir que Dios nos cambie internamente.

Luego volví a oír de su parte. «John, seguí su consejo. Ahora voy a las reuniones del comité y le pido a Dios que me dirija para satisfacer las necesidades de las personas, para que me muestre qué quiere que diga y haga. Es raro que pase una sesión en que no ore por otro líder pastoral o miembro del comité. Además, a donde quiera que voy siempre le pido al Padre que me muestre su voluntad para que pueda hacer sus obras».

El pastor explicó que cuando les preguntaba a las personas cómo estaban y ellos le contaban sus problemas, oraba por ellos, con excelentes resultados. No entraba en una dilatada explicación con la personas sobre lo que estaba haciendo, simplemente lo hacía.

Esta es la manera en la cual la mayoría de los miembros de la *Vineyard Christian Fellowship* viven diariamente. Keith Endow, un miembro de nuestra iglesia es un agente de bienes raíces que ora regularmente por sus clientes necesitados. Y ellos jamás se quejan, porque el Espíritu Santo siempre cae sobre ellos. Por ejemplo, hace varios años le estaba mostrando a un cliente la casa de una pareja anciana que se estaba mudando por el reciente divorcio de una hija. Por toda la casa habían fotografías y pinturas de su hija, del yerno y de los nietos. La pareja se estaba mudando para ayudar a su hija a sobrepasar tiempos difíciles. Así que, justo antes de partir, Keith les dijo que era cristiano y preguntó si podía orar por ellos. Aceptaron rápidamente y el Espíritu Santo les dio paz y bendición.

Es importante que seamos lo que Dios quiere que seamos. Sin embargo, estoy convencido de que los cristianos muchas veces usan su situación en la vida como excusa para no servir a Dios ahora mismo; también piensan frecuentemente que de estar en el «lugar indicado» podrían hacer el tipo de cosas que he descrito en este libro.

* * *

Otra pregunta que las personas hacen frecuentemente es: «¿Bajo quién puedo discipularme en la evangelización poderosa? ¿Quién me enseñará cómo hacerlo?»

No descuento la necesidad del discipulado práctico, la necesidad de aprender de hermanos y hermanas mayores y más experimentados en todas las esferas de la vida cristiana. Pero cuando oigo a las personas hacer esta pregunta, algunas veces me pregunto si están obviando al único discipulador verdadero: Jesús. Él formó los primeros discípulos y ha seguido haciendo discípulos, a través de los siglos. Pero con demasiada frecuencia le permitimos a los seres humanos que tomen su lugar, perdiendo la oportunidad de recibir su señorío en nuestro corazón. Debemos leer buena literatura cristiana, ir a conferencias, y aprender de quienes son eficientes en lo que he descrito en este libro; pero debemos estar alertas y no dejar que los líderes humanos ocupen el lugar de Dios.

* * *

Por último, debemos aprender a esperar en Dios, permitiéndole hablar, actuar y dirigir, cediendo siempre nuestro derecho a controlar la situación donde nos encontramos. Hay algo muy sencillo, casi infantil, en la evangelización poderosa. Dios nos impresiona, y actuamos basados en eso. Si no nos habla, entonces esperamos, algo difícil de hacer para los occidentales que están orientados hacia la acción.

Esta es una fe sencilla, el tipo que Jesús cultivaba en los discípulos: siempre buscaba personas idóneas, mujeres y hombres que actuaran basados en sus palabras, aun cuando no entendían las implicaciones de las palabras (lo cual muchas veces fue el caso). «Venid, seguidme» era lo que hacía falta para que la mayoría de los discípulos dejaran todo atrás y siguieran el Reino de Dios. Hoy nuestro llamado no es diferente.

Cuando el bautismo celestial del Espíritu Santo vino sobre los discípulos el día de Pentecostés, cuando fueron llenos de su poder, la clave para su éxito siguió siendo la misma: vaciarse de todo deseo de controlar a Dios, cediéndole la vida en servicio a Él.

¿Qué debemos hacer? David Pytches se quedó en San Andrés, sin crear cambios radicales en la organización, animando a las personas a abrirle sus corazones a Dios, andando en su poder, y obedeciendo su voz. Vio a San Andrés convertirse en una gran fuente de renovación espiritual y evangelización en el reino Unido. Podremos ser amas de casa, obreros de fábrica, secretarias, vendedores o maestros, pero todos tenemos el mismo reto de David Pytches y las personas de San Andrés: cederle el control de nuestra vida al Espíritu Santo, aprendiendo a escuchar y a hacer su voluntad, arriesgando todo lo que tenemos para derrotar a Satanás y avanzar el Reino de Dios.

Señales y maravillas en la historia de la Iglesia

Aunque solo son algunos ejemplos, el siguiente material documenta las señales y las maravillas a través de los siglos. He limitado mis fuentes a los movimientos y las personalidades principales, con pocas ilustraciones de personas menos conocidas. Para mayor lectura y documentación, le refiero a la Bibliografía.

Separé la historia de la iglesia en tres eras: patrística, medieval, y reformada-moderna. El siglo veinte requiere tratamiento separado, presente en el Apéndice B.

La era patrística, 100-600

JUSTINO MÁRTIR (c. 100-165)

Justino fue un apologeta cristiano que estudió todas las grandes filosofías de su tiempo. En su *Segunda Apología* (c. 153), Justino, al hablar sobre los nombres, el significado, y el poder de Dios y Cristo, escribe sobre el exorcismo y la sanidad:

Porque muchísimos endemoniados a través del mundo, y en su ciudad, cuando muchos de nuestros cristianos los han exorcisado en el nombre de Jesucristo, crucificado bajo Poncio Pilato, han sanado y sanan, expulsando e inutilizando a los demonios que poseían a aquellos hombres, aunque no habían podido ser curados por todos los otros exorcistas, ni por los que usan encantamientos y drogas. (Coxe 6:190)

En su *Diálogo con Trifo* (un judío educado), Justino hace referencia al uso contemporáneo de los dones espirituales:

Porque los dones proféticos siguen entre nosotros, hasta hoy día. Y por lo tanto debes entender que [los dones] que antes se encontraban entre tu nación ahora nos fueron transferidos. (Coxe 1:240)

...Ya dije, y vuelvo a decirlo, que se ha profetizado que realizaría esto tras su ascensión al cielo. Por eso se dice: «Subió a lo alto, cautivó la cautividad, y le dio dones a los hijos de los hombres». Y una vez más, en otra profecía, se dice «Y sucederá que, derramaré Mi Espíritu sobre toda carne, y sobre Mis siervos, y sobre Mis siervas, y profetizarán». Ahora, es posible ver entre nosotros hombres y mujeres que poseen los dones del Espíritu de Dios... (Coxe 1.243)

IRENEO (140-203)

Ireneo fue Obispo de Lyon. Sus cinco libros *Contra las herejías* tratan sobre la herejía del gnosticismo. Al refutarla dice:

Porque algunos cierta y verdaderamente expulsan demonios, de forma tal que los que han sido limpiados de los espíritus malvados muchas veces se unen a la Iglesia. Otros tienen presciencia de cosas porvenir: ven visiones, y realizan expresiones proféticas. Aún otros, sanan a los enfermos poniendo las manos sobre ellos, y son sanados. Así es, además, como dijera, hasta los muertos han resucitado, y se quedan con nosotros por muchos años. ¿Y qué más puedo decir? No es posible nombrar la cantidad de dones que la Iglesia, [diseminada] por todo el mundo, ha recibido de Dios, en el nombre de Jesucristo.

TERTULIANO (c. 160/170-215/220)

No se conocen muchos detalles sobre la vida de Tertuliano. Se crió en el paganismo erudito de Cartago. Se convirtió en cristiano y se unió al grupo montanista más o menos en el 206. Fue un prolífico escritor. En su obra *A Escápula*, capítulo 5, ofrece su relato sobre la expulsión de demonios y la sanidad:

> Todo esto podría mostrarse oficialmente, y mediante los abogados mismos, quienes también están bajo obligación con nosotros, aunque en la corte se expresan según les parece. El secretario de uno de ellos, que era lanzado al suelo por un espíritu malvado, fue librado de su aflicción; y también el familiar de otro, y el niñito de un tercero. ¡Cuántos hombres notables (sin contar a las personas comunes) han sido librados de demonios y sanados de enfermedades! Hasta Severo mismo, el padre de Antonino, fue generoso con los cristianos; porque buscó al cristiano Proculus, de sobrenombre Torpación, el mayordomo de Euhodias, y en gratitud por haberlo curado una vez mediante la unción, lo mantuvo en su palacio hasta el día de su muerte. (Coxe 3:107)

NOVACIANO (210-280)
A Novaciano de Roma se le conoce por dos razones: era el antipapa del partido puritano en la Iglesia, y le dio a la Iglesia Occidental su primer tratamiento extenso de la Trinidad. En el capítulo 29 de su *Tratado sobre la Trinidad* escribe sobre el Espíritu:

> Él es quien pone profetas en la Iglesia, instruye maestros, dirige las lenguas, da poderes y sanidades, hace obras maravillosas, ofrece discriminación de espíritus, otorga poderes de gobierno, sugiere consejos, y ordena y arregla cualquier otro don que haya de la *carismata*; y así hace la Iglesia del Señor en todas partes, y en todos, perfeccionados y completados. (Coxe 5:641)

ANTONIO (c. 251-356)
Nuestro conocimiento de Antonio depende en gran medida de su biografía, escrita por Atanasio. El capítulo 40 de su biografía muestra la obra de Antonio con lo sobrenatural, especialmente su trato con los demonios:

> Una vez, un demonio muy alto apareció con una procesión de espíritus malvados y dijo atrevidamente: «Soy el poder de Dios, soy

Su providencia. ¿Qué deseas que te conceda?» Entonces soplé sobre él, invocando el nombre de Cristo, y traté de golpearlo. Parece que tuve éxito, porque, inmediatamente, así de vasto como era, él y todos sus demonios desaparecieron ante el nombre de Cristo.

Hilario (c. 291-371)

Hilario fue un asceta, educado y convertido en Alejandría. Cuando llevaba ya 22 años en el desierto, su reputación lo dio a conocer por todas las ciudades de Palestina. Jerónimo en su *Vida de San Hilario* cuenta sobre varios de los milagros, sanidades, y expulsiones de demonios que ocurrieron durante su ministerio:

> Cacidia es un pequeño suburbio de Rhinoocorura, una ciudad de Egipto. Desde esa villa, una mujer que había estado ciega por diez años fue llevada ante el bendito Hilario. Cuando los hermanos se la presentaron (ya tenía muchos monjes con él), ella le dijo que había gastado todo su dinero en médicos. A ella el santo le respondió: «Si lo que perdiste en médicos se lo hubieras dado a los pobres, Jesucristo el verdadero médico te habría sanado». Entonces ella lloró en voz alta y le imploró que tuviera misericordia de ella. Luego, siguiendo el ejemplo del Salvador, le frotó esputo en sus ojos y fue curada de inmediato. (15:254-255)

Jerónimo concluye la sección que dedicó a contar la vida de Hilario diciendo: «No hubiera tiempo para contarle todas las señales y maravillas realizadas por Hilario...» (15:262-263)

Macrina la Joven (c. 328-379/380)

Macrina era la hermana de Basilio, Obispo de Cesarea, y también de Gregorio de Nisa. Gregorio cuenta la siguiente sanidad:

> Con nosotros estaba una niñita que sufría una dolencia en los ojos como resultado de una enfermedad infecciosa. Verla era algo terrible y lamentable ya que la membrana alrededor de la pupila estaba hinchada y emblanquecida por la enfermedad.
>
> Fui a la residencia de los hombres donde tu hermano Pedro era el Superior, y mi esposa fue a la residencia de las mujeres para

estar con San Macrina. Después de un tiempo estábamos listos para salir pero la bendita no dejaba que mi esposa se marchara, y dijo que no entregaría a mi hija, a quien sostenía en sus brazos, hasta que les diera una comida y les ofreciera «la riqueza de la filosofía». Besó a la niñita como se esperaba y puso sus labios sobre sus ojos y, cuando se percató de la pupila enferma dijo: «Si me hacen el favor de quedarse para la cena les reciprocaré de acuerdo con ese honor». Cuando la madre de la niña le preguntó qué era, la señora respondió: «Tengo una medicina que es muy eficaz para la cura de las dolencias en los ojos».

Nos quedamos de buena gana y luego comenzamos el viaje a casa, alegres y felices. Cada uno de nosotros contó su historia en el camino. Mi esposa contaba todo en orden, como si leyera un tratado, y cuando llegó al punto en el cual se prometió la medicina, interrumpiendo la narración, dijo: «¿Qué hemos hecho? ¿Cómo es posible que olvidáramos la promesa, la medicina para los ojos?»

Nuestra desconsideración me incomodó, y rápidamente enviamos a uno de los hombres de vuelta para pedir la medicina, cuando la niña, que estaba en los brazos de su enfermera, miró a su madre, y la madre, se le quedó mirando a los ojos de la niña y dijo: «Dejen de molestarse por nuestro descuido». Dijo esto en voz alta, temerosa y gozosa. «No se ha omitido nada de lo que se nos prometió, sino que la verdadera medicina que sana las enfermedades, la cura que viene de la oración, ella nos la dio, y ya dio resultado: no queda nada de aquella enfermedad de los ojos».

Cuando dijo esto, ella tomó a nuestra niña y la puso en mis brazos, y entonces yo también comprendí los milagros en el evangelio que no había creído antes, y dije: «Cuán grande es que se restaure la vista a los ciegos mediante la mano de Dios, si ahora su sierva realiza tales curas y ha hecho algo así mediante la fe en él, es un hecho no menos impresionante que esos milagros».

AMBROSIO (c. 339-397)

Ambrosio fue el Obispo de Milán. Al ser ordenado como obispo su primer acto fue distribuir su riqueza entre los pobres. Fue un excelente predicador y maestro y muy extrovertido.

Ambrosio en su *El Espíritu Santo (Padres de la Iglesia)* declara que Dios todavía daba las sanidades y las lenguas:

Mirad, el Padre estableció a los maestros; Cristo también los estableció en las iglesias; y así como el Padre da la gracia de las sanidades, así el Hijo también las da; así como el Padre da el don de las lenguas, así el Hijo también las concede. (Deferrari 44:150)

AGUSTÍN (354-430)

Agustín fue Obispo de Hipo y el más grande de los padres latinos. Fue bautizado por Ambrosio en Milán en la Pascua de 387.

Al final de su vida, escribió *La ciudad de Dios* (c. 413-427). En el libro 22, capítulo 28, Agustín detalla los milagros que ocurrieron en su día: «Algunas veces se objeta que los milagros, que los cristianos afirman que sucedieron, ya no ocurren». Afirma que los que sucedieron y fueron registrados en el Nuevo Testamento son «absolutamente confiables». Luego escribe: «La verdad es que aún hoy día se realizan milagros en el nombre de Cristo, algunas veces mediante sus sacramentos y algunas veces mediante la intercesión de las reliquias de sus santos».

Agustín entonces cuenta los milagros que ocurrieron (Deferrari 24:431-445).

Un ciego cuya vista fue restaurada (24:433)

El Obispo Inocente de Cartago sanado de una fístula rectal (24:433-437)

Inocencia en Cartago sanada de cáncer en el seno (24:437-438)

Un médico en Cartago sanado de gota (24:438-439)

Un antiguo artista de Curcubis sanado de parálisis y una hernia en el escroto (24:439)

La sanidad de Hesperio, uno de los vecinos de Agustín, cuyas enfermedades fueron causadas por «espíritus malvados» (24:439)

Un niño endemoniado curado, después que un demonio le arrancara el ojo y lo dejara «colgando de una minúscula vena como si fuera una raíz. La pupila que era negra, se puso blanca» (24:440-441)

Una joven en Hipo librada de demonios (24:441)

Florencio de Hipo que oró por dinero y lo recibió (24:441-442)

Una mujer ciega sanada en Hipo (24.442)
El Obispo Lucio de Siniti sanado de una fístula (24:442-443)
Eucario, un sacerdote español, posiblemente resucitado (24:443)
Martila que fue sanada y salvada (24:443-444)
Tres sanados de gota (24:444)
Un niño, que fue atropellado por un carro, sanó sin indicio alguno
de haber sido atropellado (24:444)
La resurrección de una monja (24:444)
La resurrección de la hija de un sirio (24.444)
El hijo de un amigo de Agustín que fue resucitado (24:445)

Agustín termina su narración de los milagros contándole a sus lectores que hay demasiados milagros como para mencionarlos. «Es un hecho sencillo», escribe Agustín, «que los milagros ni siquiera escasean en nuestros días. Y el Dios que obra los milagros de los que leemos en las Escrituras emplea cualquier medio y manera que quiera».

GREGORIO DE TOURS (c. 538-594)

Gregorio fue obispo e historiador. Fue un escritor prolífico, cuyas obras proveen conocimiento inestimable sobre la vida de iglesia en el sexto siglo (Douglas 1974:436). Hay muchos relatos sobre las sanidades acontecidas en tiempo de Gregorio. Se encuentran en sus *Diálogos*, donde también relata la expulsión de un demonio y su propia sanidad:

Eleuterio, a quien mencionara anteriormente, abad del Monasterio de San Marcos, el Evangelista adjunto a las murallas de Espoleto, vivió conmigo por mucho tiempo en mi monasterio en Roma y allí murió. Sus discípulos dicen que resucitó a una persona muerta mediante el poder de su oración. Fue muy conocido por su sencillez y contrición de corazón, e indudablemente por medio de sus lágrimas esta humilde e infantil alma obtuvo muchos favores del Dios todopoderoso.

Les contaré un milagro el cual le pedí que describiera en sus propias sencillas palabras. Una vez cuando viajaba, cayó la noche antes de que pudiera encontrar algún lugar dónde quedarse a pasar la noche, así que se detuvo en un convento. En este convento había un niñito atribulado todas las noches por un espíritu malvado. Así que, luego de recibir al hombre de Dios en su convento, las monjas le pidieron que se quedara con el niñito esa noche. Él accedió, y le permitió al niño que descansara cerca de él. En la mañana las monjas le preguntaron muy preocupadas si había hecho algo por el niño. Un tanto sorprendido de que le preguntaran, dijo: «No». Entonces lo familiarizaron con la condición del niñito, informándole que no pasaba una noche sin que el espíritu malvado atormentara al niño. ¿Sería posible, por favor, que se lo llevara al monasterio porque ya no podían soportar verlo sufrir? El hombre de Dios accedió hacerlo.

El niño se quedó mucho tiempo en el monasterio sin ser atribulado de manera alguna. Muy complacido con esto, el viejo abad permitió que su gozo ante la saludable condición del niño excediera la moderación. «Hermanos», les dijo a sus monjes, «el diablo bromeó con las hermanas, pero una vez que se encontró con verdaderos siervos de Dios, ya no se atrevió a acercarse a este niño». En ese mismo momento, casi sin que Eleuterio terminara de hablar, el diablo volvió a poseer al joven, atormentándolo en presencia de todos. Al verlo el corazón del anciano se apenó mucho y cuando sus monjes trataron de consolarlo dijo: «¡Oigan! Nadie va a probar pan hoy hasta que este niño sea arrebatado del poder del diablo».

Se postró en oración con todos sus monjes y continuó orando hasta que niño fue librado del poder del espíritu malvado. La cura fue completa y el diablo no se atrevió a volver a molestarlo.

GREGORIO I (MAGNO) (540-604)

Gregorio Magno fue papa del 590 hasta el 604. Sus *Diálogos* (593-594) se describieron por el autor mismo como relatos de «milagros de los Padres realizados en Italia». Los *Diálogos* contienen relatos sobrenaturales, que se dividen nítidamente en tres clases: relatos de visiones, relatos de profecías, y relatos de milagros.

El siguiente, un resumen de uno de los relatos de Gregorio, viene de la obra seminal de Frederick Dudden sobre la vida de Gregorio:

Un día en Subiaco, el pequeño monje Plácido, el futuro Apóstol de su Orden [la de Gregorio] en Sicilia, fue al lago a sacar agua, pero se desbalanceó y se cayó en el lago. Benedicto, que estaba sentado en su celda, se enteró sobrenaturalmente del incidente, y se apuró a llamar a su discípulo Mauro: «Corre, Hermano Mauro, porque el niño que fue a recoger agua se ha caído en el lago, y la corriente se lo ha llevado lejos». Mauro corrió hasta la orilla del lago, y entonces, «creyendo que todavía estaba sobre tierra seca, corrió sobre el lago», recogió al niño flotante por el pelo y lo sacó a salvo. Solo cuando volvió a pararse sobre suelo firme que Mauro se percató de que hubo un milagro, y «muy sorprendido, se preguntó cómo había hecho lo que sabía que no se hubiera atrevido a hacer». (Dudden, vol. 1, 1905:334)

La era medieval, 600-1500

SAN FRANCISCO DE ASÍS (1181-1226)

San Francisco fue el fundador de la orden franciscana. Tuvo un extenso ministerio de sanidad. Las siguientes selecciones han sido tomadas de una vasta cantidad de milagros que ocurrieron en el ministerio de Francisco:

Una vez cuando el santo hombre de Dios Francisco andaba por varias regiones para predicar el Reino de Dios, llegó a cierta ciudad llamada Toscanella. Allí, cuando sembraba la semilla de vida como acostumbraba, un cierto soldado de esa ciudad le brindó hospitalidad; solo tenía un hijo que tenía el cuerpo debilitado y estaba cojo. Aunque era un niño, habían pasado los años del destete; aún estaba en la cuna. Cuando el padre del niño vio la gran santidad del hombre de Dios, se echó humildemente a su pies, rogándole por la salud de su hijo. Pero Francisco, quien se consideraba inútil e indigno de un poder y una gracia tan grande, rehusó hacer esto por mucho tiempo. Pero finalmente fue vencido por la insistencia de sus peticiones, oró y entonces puso su mano sobre el niño y, bendiciéndolo, lo levantó. El niño se levantó inmediatamente, ante la mirada y el regocijo de todos los presentes, totalmente restaurado y comenzó a caminar por aquí y por allá por toda la casa.

Una vez cuando el hombre de Dios Francisco había llegado a Narni y se quedó allí por varios días, cierto hombre de esa ciudad, llamado Pedro, yacía paralizado en la cama. Durante un período de cinco meses había estado tan privado del uso de todas sus extremidades que no podía siquiera levantarse o siquiera moverse un poco;

y como había perdido completamente el uso de sus manos y de sus pies y su cabeza, solamente podía mover su lengua y abrir los ojos. Cuando escuchó que Francisco había llegado a Narni, envió un mensajero al obispo de esa ciudad para pedirle por amor a Dios que le enviara al siervo del altísimo Dios, confiado en que sería librado de la enfermedad que sufría ante la vista y la presencia de Francisco. Y sucedió que, cuando vino el bendito Francisco e hizo la señal de la cruz sobre su cabeza y hasta sus pies, fue inmediatamente sanado y restaurado a su estado anterior de salud (Hermann, s.f.:59-60)

La comunidad Valdense

Este fue un movimiento en la Edad Media caracterizado por la obediencia evangélica al evangelio, ascetismo riguroso, antagonismo hacia el ministerio de sacerdotes indignos, creencia en las visiones, profecías, y la posesión de los espíritus (Douglas 1974:1026). A.J. Gordon en su libro *The Ministry of Healing* cita la siguiente doctrina de los valdenses:

> Por lo tanto, con relación a la unción de los enfermos, la sostenemos *como artículo de fe*, y sinceramente profesamos de corazón que las personas enfermas, cuando lo piden, pueden ser legalmente ungidas con el aceite de unción por alguien que se una a ellos en oración que sea eficaz para la sanidad del cuerpo conforme al diseño y el propósito y el esfuerzo mencionado por los apóstoles; y profesamos que la susodicha unción realizada de acuerdo con el diseño y la práctica apostólica será provechosa y sanadora. (Gordon 1802:65)

Vicente Ferrer (1350-1419)

Vicente fue un predicador dominico nacido en Valencia. Conocido como el «Ángel del juicio», predicó a través de toda Europa por casi veinte años. La *New Catholic Encyclopedia* [Nueva Enciclopedia Católica] registra lo siguiente:

> Vicente estaba desilusionado; enfermó gravemente. En una visión, fue señalado por el Señor, que estaba acompañado por San Domingo y San Francisco, para «salir por el mundo predicando a Cristo». Después de pasado un año Benedicto le permitió salir. Así, en noviembre de 1399, salió de Aviñon y pasó veinte años en

predicación apostólica. Visitaba lugares, una y otra vez, según el espíritu lo motivaba o según se le pidiera, a través de España, el sur de Francia, Lombardía, Suiza, el norte de Francia, y los Países bajos. Con feroz elocuencia predicó la necesidad del arrepentimiento y al juicio venidero. En escasas ocasiones se quedaba en un lugar más de un día, y entonces solo cuando las personas habían sido descuidadas por mucho tiempo o cuando la herejía o el paganismo era rampante. Los milagros en el orden de la naturaleza y la gracia acompañaban sus pasos (14:681)

En *The Catholic Encyclopedia Dictionary* [El diccionario de la enciclopedia católica] también señala: «Algunos dicen que tenía el don de las lenguas...» (1002).

COLETTE DE CORBI (murió 1447)
Se registra lo siguiente en *The Lives of the Saints* [Las vidas de los santos]:

> En 1410, ella fundó un pacto en Besancon; en 1415, introdujo una reforma en el convento de los Cordeliers, en Dole, y sucesivamente en casi todos los conventos en Lorraine, Champagne, y Picardy. En 1416, fundó una casa de su orden en Poligny, al pie de Jura, y otro en Auxonne. «Me muero de curiosidad por ver a la maravillosa Colette, que resucita a los muertos», escribió la Duquesa de Borbón, más o menos en este tiempo. Porque la fama de los milagros y las labores de la hija del carpintero estaba en boca de todos. (Baring-Gould, vol. 3, 1897:99-100)

La reforma y la era moderna, 1500-1900

MARTÍN LUTERO (1483-1546)
En *Luther: Letters of Spiritual Counsel* [Lutero: Cartas de consejo espiritual], se registra la siguiente carta de Martín Lutero:

> El recaudador de impuestos en Torgau y el consejero en Belgern me han escrito para pedirme que les diera algún buen consejo y ayuda para el afligido esposo de la señora de John Korner. No conozco

ayuda que se le pueda ofrecer en este mundo. Si los médicos no conocen remedio, puede asegurarse de que no es un caso de melancolía común. Más bien, debe ser una aflicción que viene del diablo, y esta debe ser contradicha por el poder de Cristo con la oración de fe. Esto es lo que hacemos, y lo que estamos acostumbrados a hacer, porque aquí un constructor de armarios estuvo similarmente afligido con locura y lo curamos mediante la oración en el nombre de Cristo.

Por lo tanto deberá proceder de la siguiente manera: Ve donde él con el diácono y dos o tres hombres buenos. Confiados en que usted, como pastor del lugar, está vestido con la autoridad del oficio ministerial, póngale las manos y diga: «La paz sea contigo, querido hermano, de Dios nuestro Padre y de nuestro Señor Jesucristo». Entonces repite el Credo y el padrenuestro sobre él con voz clara, y cierra con estas palabras: «O Dios, Padre todopoderoso, quien nos ha dicho mediante tu Hijo, "De cierto, de cierto, les digo, que lo que le pidan al Padre en mi nombre, se los concederé"; quien nos ha ordenado y animado a orar en su nombre, "Pedid y recibiréis", y quien de manera parecida ha dicho, "Acudid a mí en el día de tribulación: Te libraré, y me glorificarás"; nosotros los pecadores indignos, confiando en estas palabras y mandamientos tuyos, oramos por tu misericordia con la fe que podamos ejercer. Libra a este hombre de todo mal, y nulifica la obra que Satanás ha hecho en él, para honra de tu nombre y el fortalecimiento de la fe de los creyentes; mediante el mismo Jesucristo, tu Hijo, nuestro Señor, que vive y reina contigo, para siempre. Amén». Entonces, cuando salgas, ponle las manos al hombre nuevamente y di: «Estas señales seguirán al creyente; le pondrán las manos a los enfermos, y se recuperarán». Has esto tres veces, una vez tres días corridos. (Tappert, s.f.:52)

En *Luther's Works* [Obras de Lutero], se dice en cuanto a la profecía: «Si deseas profetizar, hazlo de tal manera que no vaya más allá de la fe para que al profetizar estés en armonía con la calidad peculiar de la fe», continúa escribiendo que «uno podría profetizar cosas nuevas pero no cosas que vayan más allá de los linderos de la fe...» (Oswald s.f.:444-451).

IGNACIO DE LOYOLA (1491-1556)

Ignacio fue el fundador de la Sociedad de Jesús. Fue herido en el ejército español en 1521. Mientras se recuperaba leyó *La vida de Cristo* de Ludolf de Sajonia. Esto lo inspiró a convertirse en un «soldado» para Cristo. Entró al monasterio y se pasó casi un año en prácticas ascéticas. Aquí compuso la esencia de sus *Ejercicios Espirituales*. En ellos escribe lo siguiente acerca del Espíritu:

> El Espíritu de Dios sopla dónde quiera; no pide nuestro permiso; se encuentra con nosotros bajo sus propios términos y distribuye sus carismas como quiere. Por lo tanto, siempre debemos estar despiertos y listos; debemos ser flexibles para que pueda usarnos en nuevos menesteres. ¡No podemos ordenar al Espíritu de Dios! Solo está presente con sus dones donde los conoce unidos con la multitud de carismas en una Iglesia. Todos los dones de esta iglesia salen de la misma fuente, Dios. ¡Lo que Pablo dice en el duodécimo capítulo de su Primera Epístola a los Corintios todavía es cierto hoy! Esto debe darnos la fuerza para vencer cualquier forma de crítica celosa, sospecha mutua, ansia de poder, y no dejar que otros, que tienen sus dones del Espíritu, sigan su camino. ¡Eso es lo que desea el Espíritu de nuestra parte! ¡Él no es tan bruto como lo somos nosotros con nuestras recetas! Puede llevar a sí mismo de diferentes maneras, y desea dirigir a la iglesia mediante varias funciones, oficios, y dones. La iglesia no tiene que ser una academia militar en la cual todo es uniforme, pero sí ser el cuerpo de Cristo en el cual él, el Espíritu único, ejerza su poder en todos los miembros. Cada uno de estos miembros prueba que realmente es un miembro de su cuerpo dejando que los otros miembros lo sean. (Rahner 1962:254-255)

TERESA DE ÁVILA (1515-1582)

Teresa, una reformadora carmelita, mística, y escritora, nació en España y fue educada por monjas agustinas. En su autobiografía hay frecuentes relatos del éxtasis que experimentó de parte de Dios. En ella escribe: «Lo que digo sobre no ascender a Dios a menos que Él lo levante a uno es idioma del Espíritu. El que haya tenido alguna experiencia me entenderá, porque no sé cómo describir este levantamiento a menos que

se comprenda mediante la experiencia» (12.5). Hace referencia nuevamente a esa clase de discurso al hablar sobre la oración (16:1-2):

> No sé otros términos para describirlo ni cómo explicarlo. Ni el alma
> sabe qué hacer porque no sabe si hablar o quedarse callada, si debe
> reír o llorar. Esta oración es una idiotez gloriosa, una locura celestial
> donde se aprende la verdadera sabiduría; y para el alma es una
> manera muy deleitosa de gozarse. De hecho hace cinco y hasta seis
> años el Señor muchas veces me dio esta oración en abundancia, y
> no lo entendí; ni sabía como decirla.

VALENTINO GRANDESLAGOS (murió 1638)

David Robertson escribe en su artículo «From Epidauros to Lourdes: A
History of Healing by Faith» [De Epidauro a Lourdes: Una historia de la
sanidad por la fe] sobre un irlandés llamado Grandeslagos:

> Era protestante en la Irlanda católica y huyó a Inglaterra en 1641 al
> comienzo de la rebelión irlandesa. Por un tiempo sirvió bajo Crom-
> well. En 1661, después de un período de depresión, llegó a creer
> que Dios le había dado a él, un mero plebeyo, el poder para curar
> la escrófula. Cuando comenzó a tratar el mal del rey, sus amigos y
> conocidos se sorprendieron al ver que verdaderamente podía pro-
> ducir una regresión en esta enfermedad. Este asombroso logro lo
> llevó a tratar otras enfermedades como la epilepsia, la parálisis, la
> sordera, las úlceras, y varios desórdenes nerviosos, y encontró que
> su toque también era eficaz en estos casos. Pronto se difundió por
> todas partes la noticia de su curiosa capacidad y fue asediado por
> multitudes de personas enfermas. Las muchedumbres que acudie-
> ron a él eran tan grandes que no podía ocuparse de todos ellos
> aunque trabajara de seis de la mañana hasta las seis de la noche.
> (Frazier 1973:187)

LOS CUÁQUEROS, O LA SOCIEDAD DE AMIGOS (1640-presente)

Se pueden trazar los orígenes de los cuáqueros al puritanismo inglés
alrededor de 1640. El primer líder fue George Fox, quien predicó un
mensaje de la Nueva Era del Espíritu. Se les opusieron los puritanos y
los anglicanos. La típica reunión cuáquera se caracterizaba por las

personas esperando que el Espíritu hablara mediante ellos y por las personas «temblando» mientras Dios se movía entre ellos. El siguiente es un extracto del *Diario* de Fox:

> En el año 1648, mientras estaba sentado en la casa de un amigo en Nottinghamshire (porque por ese entonces el poder de Dios había abierto los corazones de algunos para recibir la palabra de vida y reconciliación), vi una gran grieta a través de la tierra, y mucho humo tras la grieta; y que luego de la grieta habría una gran sacudida: esta era la tierra en el corazón de las personas, que sería sacudida antes de que se levantara la semilla de Dios de la tierra. Y así fue: porque el poder del Señor comenzó a sacudirlos a ellos y comenzamos a tener grandes reuniones, y el poderoso poder y la obra de Dios estaba entre el pueblo, para sorpresa de las personas y los sacerdotes. (Fox 1901:23)

LOS HUGONOTES (Organizados formalmente en 1559)

Hugonotes es el sobrenombre de los calvinistas franceses. Henry Baird escribe lo siguiente en su libro *The Huguenots* [Los hugonotes] acerca de algunos de los fenómenos de este grupo religioso:

> En cuanto a las manifestaciones físicas, hay poca discrepancia entre los relatos de los amigos y los enemigos. Las personas afectadas fueron hombres y mujeres, jóvenes y viejos. Muchos eran niños, niñas y niños de nueve o diez años de edad. Salieron de entre el pueblo, decían sus enemigos, de la escoria del pueblo, ignorantes e indoctos; en su mayoría incapaces de leer o escribir, y hablando en su vida diaria el *patois* de la provincia con la única con la cual estaban familiarizados. Esas personas se caían repentinamente hacia atrás, y, mientras estaban completamente estirados sobre el suelo, se contorsionaban de forma extraña y aparentemente involuntaria; se les inflaba el estómago, y les resulta difícilba la respiración. Al salir gradualmente de esta condición, recuperaban instantáneamente la capacidad del habla. Comenzando frecuentemente en una voz interrumpida por sollozos, pronto derramaban un torrente de palabras, clamores de misericordia, llamados al arrepentimiento, exhortaciones a los transeúntes para que dejaran de asistir a la misa,

denuncias de la iglesia de Roma, profecías de juicio venidero. De las bocas de aquellos que eran apenas niños salían textos bíblicos, y hablaban en un francés bueno y claro, como el que jamás usaban en sus horas conscientes. Cuando el trance cesaba, declaraban no recordar nada de lo que había ocurrido, o lo que dijeron. En raras ocasiones retenían una impresión general y difusa, pero nada más. No había apariencia de engaño o intriga, y ningún indicio de que al exclamar sus predicciones relacionadas con los acontecimientos venideros fueran precavidos, o que dudaran la verdad de lo predicho. Brueys, su oponente más acérrimo, no es menos positivo en este punto que los testigos que son más favorables hacia ellos. «Estos pobres locos», dijo él, «creían ser verdaderamente inspirados por el Espíritu Santo. Profetizaron sin motivos ocultos, sin malas intenciones, y con tan poca reserva, que siempre señalaban el día, el lugar y las personas sobre quienes hablaban en sus predicciones». (2:186-187)

LOS JANSENISTAS (c. 1731)

«La expectativa de los milagros y otras señales sobrenaturales casi llegó a ser parte integral de la cosmovisión jansenista para fines del siglo diecisiete», escribe Robert Kreiser en su libro *Miracles, Convulsions, and Ecclesiastical Politics in Early Eighteenth-Century Paris* [Milagros, convulsiones, y política eclesiástica en París a principios del siglo dieciocho]. Uno de los milagros que registra es la cura de la sobrina de Pascal en marzo de 1656. Marguerite había sufrido por mucho tiempo de una aguda fístula lacrimal deformadora en la esquina de su ojo. Fue sanada cuando simplemente se tocó su ojo con una espina santa. El milagro fue apoyado por bastante evidencia médica e impresionó mucho al público.

JUAN WESLEY (1703-1791)

Juan Wesley fue el fundador de la Iglesia Metodista. En su *Journal* [Diario] escribe:

> Miércoles, 15 de agosto de 1750: Al reflexionar en un libro extraño que leí en este viaje, *The General Delusion of Christians with Regard to Prophecy* [El engaño general de los cristianos en cuanto

a la profecía], me convencí por completo de lo que había sospechado: (1) Que los montanistas, en el segundo y tercer siglo, fueron verdaderos cristianos bíblicos; y (2) que la razón de eliminar tan rápidamente los dones milagrosos no solo se debe a que la fe y la santidad ya se habían perdido, sino también aque hombres secos, formales y ortodoxos comenzaron aún entonces a ridiculizar cualesquiera dones que ellos no tuvieran, y a recriminarlos como algo falso o locura.

Wesley le escribió una carta a Thomas Church en junio de 1746 en la cual declara:

> De todas maneras, no entiendo que Dios se haya detenido para no ejercer su soberano poder de obrar milagros de clase o grado alguno en era alguna hasta el fin del mundo. No recuerdo escritura donde se enseñe que los milagros estuvieran limitados a la era apostólica o la de Cipriano, o cualquier período de tiempo, corto o largo, hasta la restitución de las cosas. No he observado, en el Nuevo ni el Antiguo Testamento, indicio alguno de todo eso. En realidad, San Pablo dice, en una ocasión, con relación a dos de los milagrosos dones del Espíritu (así es, creo, como generalmente se entiende esa prueba), «pero las profecías se acabarán, y cesarán las lenguas». Pero Él no dice, que estos o algún otro milagro cesen hasta que terminen también la fe y la esperanza, hasta que todo se incorpore en la visión de Dios, y el amor esté en todos y en todo (Telford s.f.:261).

CALLE AZUSA (1906)

En 1905, Charles Parham mudó su escuela de Topeka, Kansas, a Houston, Tejas. Allí William J. Seymour, un evangelista negro, se unió a la escuela. Aceptó la «enseñanza sobre las lenguas» pero no experimentó esto en Houston. En 1906, Seymour fue invitado a hablar en una pequeña iglesia Nazarena en Los Ángeles. El primero de abril de 1906, Seymour habló en lenguas. El pequeño grupo pronto creció más allá de la pequeña casa en Bonnie Brae y se mudaron a un viejo establo en *312 Azusa Street* [Calle Azusa].

Seymour fue la figura principal del avivamiento de la Calle Azusa. Este continuó durante tres años y medio en la Calle Azusa. Hubo cultos tres veces al día: mañana, tarde y noche. El hablar en lenguas era la atracción principal, pero la sanidad de los enfermos no se quedaba muy atrás. Seymour fue el pastor de la congregación, que estuvo compuesta de negros y blancos, hasta su muerte en 1929. Era común que se peregrinara de todas partes del mundo hasta Azusa, según Frank Bartleman en *Azusa Street* (136).

Señales y maravillas en el siglo veinte

*L*as señales y las maravillas todavía ocurren en este siglo, tanto bajo o aparte de la supervisión inmediata de las denominaciones occidentales. Hay indicaciones de que las iglesias crecen más rápidamente donde los cristianos occidentales, y su tendencia anti-sobrenatural, tienen la menor influencia inmediata.

Los siguientes son estudios de casos al azar reunidos por este servidor y otros. Solo doy ejemplos que muestran la relación entre las señales y las maravillas y el crecimiento de iglesia.

África del Sur

En África del Sur hay una comunidad de la India de unos 800.000 sólidamente opuesta a la fe cristiana. Muy pocos indios se hicieron cristianos. Hace unos veinte o veinticinco años, mediante una serie de campañas de sanidad, dos denominaciones pentecostales comenzaron a crecer entre los indios. Una de esas iglesias pentecostales ahora tiene 25.000 miembros, y la otra 15.000.

Reinhard Bonnke

Bonnke es un misionero alemán que sirve mediante una organización independiente llamada Cristo para las naciones, principalmente en los territorios negros de África del Sur. Su primera campaña se condujo en Gaberones, Botswana, con la *Apostolic Faith Mission* [Misión de la fe apostólica] que en aquel entonces solo tenía cuarenta miembros en la ciudad. A Bonnke se le unía, todas las noches, Richard Ngidi para orar por los enfermos. Después de solamente seis días atraían muchedumbres de dos mil personas a un auditorio que acomodaba a ochocientas. Hubo sanidades extraordinarias y las reuniones se mudaron a un estadio donde todas las noches atrajeron a un público de diez mil personas.

La próxima campaña se sostuvo en Sibasa, al norte de Transvaal. Unos siete días después que ocurrieran unos extraordinarios milagros, el estadio se llenaba todas las noches con un público de treinta mil personas a pesar de las fuertes lluvias. En 1979, Bonnke sostuvo una campaña para la *A.F.M.* [Misión de la fe apostólica] en Bloemfontein, África del Sur. Cientos fueron salvados, sanados y bautizados en agua. Después de una campaña de 20 días establecieron una iglesia nueva con unas 600 personas como miembros bautizados. Ahora Cristo para las naciones ha construido una tienda de campaña que acomoda 34.000 personas y se usa regularmente.[2]

Erlo Stegen

Stegen es un misionero alemán que trabaja con los Zulús en Kwasizabantu en África del Sur. Los primeros doce años de su ministerio en su región fueron completamente infructuosos. En ese momento, totalmente frustrado, Stegen comenzó un estudio detallado del libro de Hechos con un grupo de asociados negros. Identificaron las señales y maravillas como la clave del rápido crecimiento de la Iglesia primitiva. Luego experimentaron el derramamiento del Espíritu Santo. Los detalles de esa experiencia se describieron como parecidos al relato en Hechos 2.

Inmediatamente después de dejar el cuarto donde habían experimentado la unción del Espíritu Santo, Stegen y el grupo fueron confrontados por una mujer poseída del demonio que dijo: «Algo me impulsó a venir aquí y pedir que oren por mí». Sacaron al demonio y la mujer fue librada. La mujer regresó a su villa y causó un pequeño avivamiento. Predicó el evangelio, oró por los enfermos, y cientos entregaron sus vidas al Señor.

Desde ese momento las personas comenzaron a llegar a Kwasiza-bantu. Los que fueron sanados, salvados, y llenos del Espíritu regresaron a sus villas y allí proclamaron el evangelio. Este fue el comienzo de un gran avivamiento.[3]

La costa de marfil

EL PROFETA HARRIS

El profeta William Wade Harris, un liberiano de la tribu Berbos, creció bajo la influencia del cristianismo. Su tío era un predicador metodista en Liberia. A los veinte años, Harris tuvo una profunda experiencia religiosa. A pesar de eso, su ministerio cristiano no empezó hasta los 60 años de edad.

En 1913, «el profeta Harris», como lo llamaban, entró a la Costa de Marfil para lanzarse a una de las giras evangelísticas más grandes que se hayan registrado en la historia africana. Rene Bureau en su disertación inédita *The Prophet Harris* [El profeta Harris] añade algún conocimiento sobre la manera en la cual Dios llamó al Profeta Harris para convertirse en misionero. Revela el testimonio dado a un sacerdote católico en la Costa de Marfil antes de que Harris comenzara su viaje por la costa:

> Soy un profeta de Dios. Hace cuatro años se me despertó de noche. Vi un ángel guardián bajo la cama. Me golpeó tres veces en la cabeza, diciendo: «Voy a quitarte a tu esposa. Morirá, pero voy a darte muchas personas para que te ayuden. Antes de que muera tu esposa, va a darte seis *shillings*, esa será tu fortuna. Jamás te hará falta nada, siempre estaré contigo y te revelaré la misión de Dios». Por eso he venido. Estoy aquí para realizar la misión de Dios.

Entonces William Harris comenzó su viaje por la costa de la Costa de Marfil. Se vestía con una toga blanca y un turbán, cargaba una Biblia, una cruz de bambú y una calabaza de agua. Fue por todas partes proclamando el mensaje de salvación en Cristo. Jamás leyó de la Biblia, porque las personas eran iletradas, pero citaba de memoria pasajes que hablaban de la salvación. Enseñó cantos y proclamó que la adoración de ídolos y fetiches era mala y que Dios castigaría a las personas que practicaban esas cosas. Retó al pueblo para que quemaran sus fetiches y siguieran a Dios.

Harris invitaba a los que deseaban seguir a Dios que pasaran adelante y se arrodillaran ante la cruz. Pasaban y ponían ambas manos sobre la cruz de bambú, confesando sus pecados. Harris entonces tocaba el tope de sus cabezas con la Biblia. Los nuevos conversos temblaban, y Harris sacaba demonios.

En Jackville, Harris sanó a la esposa del jefe, que estaba moribunda. Dijo: «Toca esta cruz, levántate, y anda». Así lo hizo, y toda la villa se convirtió.

Organizó grupos de creyentes y les aconsejó que construyeran capillas. Puso un pastor a cargo de cada una e hizo que cada grupo seleccionara 12 apóstoles para dirigir a la iglesia. Algunos conversos fueron enviados a las tribus inferiores para llevarles el mensaje de salvación. Harris le dijo a estas congregaciones recién formadas que misioneros vendrían a explicar la Biblia.

Después de dos años de ministerio en la Costa de marfil, Harris fue arrestado por las autoridades francesas y enviado de vuelta a Liberia. Los franceses le temían a este nuevo movimiento religioso e intentaron detenerlo.[4]

JACQUES GIRAUD

La iglesia en la Costa de Marfil era como las iglesias en muchos países de Asia, África, y América Latina. La Costa de Marfil tiene unos cuatro millones de personas, y la Iglesia Católico Romana dice que tiene unos 30.000. La Iglesia Metodista comenzó desde 1924 y tiene 60.000. Siete denominaciones protestantes, con unos 11.000 miembros bautizados, han surgido de la obra fiel de los misioneros. Su promedio de crecimiento es 70% por década. (Unos 150 dedicados misioneros de los Estados Unidos, Suiza y Francia ayudan a esas iglesias y realizan muchas buenas obras).

El pastor Jacques Giraud, un misionero francés de las Indias Occidentales, llegó a la Costa de Marfil en marzo de 1973 para dedicar un edificio eclesial de las Asambleas de Dios en Abidjan. A medida que progresaban las reuniones, las personas comenzaron a sanarse. Las muchedumbres crecieron y se mudaron las reuniones a un estadio. Las personas llegaban en camiones llenos desde todas partes de la Costa de Marfil. Los periódicos y las estaciones de radio informaron los sucesos. Los principales oficiales del gobierno y sus esposas asistían al estadio.

El pastor Giraud hablaba sobre algunos de los milagros de Cristo y predicaba por una hora sobre la poderosa capacidad de Dios para sanar. Entonces decía: «Yo no sano. Dios sana, yo le pido que libere su poder. Ponga su mano donde le duele y únaseme en oración». Derramaba su corazón en oración creyente para que Dios sanara. Después de media hora de oración invitaba a los que Dios había sanado para que pasaran al frente. Se tiraban las muletas. Personas jorobadas y artríticas se enderezaban. Hombres ciegos pasaban al frente viendo. Fueron muchos y a veces centenares. Dios les había dado al menos un poco de sanidad. (Miles no fueron sanados).

Aunque era ministro de la denominación Asambleas de Dios, acostumbraba dirigir a los conversos a las iglesias y a las misiones locales para que los pastorearan. En Toumoudi tenía a los misioneros de la Alianza Cristiana y Misionera con él en la plataforma. Le dijo al pueblo: «Cuando ponga su fe en Jesucristo, llame a estos hombres para que lo bauticen y lo pastoreen».

El Reverendo Fred Pilding, un misionero de la Alianza Cristiana y Misionera trabajando en la Costa de Marfil, cubre algunos detalles en el *Alliance Witness* [Testigo de la alianza], del 26 de septiembre de 1973:

La cruzada comenzó en Bouake el 18 de junio y continuó durante tres semanas. La asistencia matutina promediaba unos 4.000. Entre unos 6.000 y 15.000 venían por las noches con la mayor asistencia un domingo con 25.000. Se sentó a los enfermos sobre la yerba en el campo de juego, y el resto se sentó en las graderías. Cuando el evangelista presentó a Jesucristo, el mismo ayer, hoy, y para siempre, las personas crearon conciencia de su poder continuado en la actualidad, mediante un lugar receptivo a la sanidad. Se hizo más fácil que confiaran en Él como Salvador.

Un jorobado vino a la reunión, revolcándose en el suelo, bajo la influencia de demonios. Estos fueron sacados en el nombre de Jesús y fue sanado instantáneamente. Al otro día asistió a las reuniones bien vestido, perfectamente calmado, y dio su testimonio.

Siempre que se pedía que los sanados que dieran testimonio, se pedía que testigos verificaran cada sanidad. El pastor Giraud citó una y otra vez a Marcos 16.15-18 como la comisión de cada creyente y enfatizó que en el nombre de Cristo expulsarían demonios e impondrían las manos sobre los enfermos y estos se sanarían. Refutó vigorosamente el título de sanador. Su ministerio, dijo, era inspirar fe en el evangelio. «Es en el nombre de Jesús que se sanan las personas».

Después de la reunión en Toumoudi, grupos de conversos de 81 villas alrededor de Toumoudi buscaron a los misioneros y ministros de la Alianza, rogándoles que vinieran y los convirtieran en cristianos. Después de la reunión en Bouake, se recibieron respuestas de más de 100 villas. En una sola villa se llenaron 140 tarjetas.

Se recibieron 10 tarjetas de una villa cerca de Bouake. El misionero fue a visitar esta villa. Al verlo, uno de los hombres sanados se apuró a encontrarse con algunos de los ancianos de la villa pagana. Mientras esperaba, el misionero les dijo a los niños: «¿Conocen ustedes la canción del pastor Giraud?» Ellos inmediatamente irrumpieron en canto gozoso: «Arriba, arriba con Jesús, abajo, abajo con Satanás, ¡Aleluya!» Las personas comenzaron a salir y el misionero predicó y entonces preguntó: «¿Cuántos van a seguir a Dios y abandonar los viejos caminos?» Más de la mitad dijo de inmediato: «Nosotros lo haremos». En otra villa el jefe dijo: «Los fetiches están muertos, todos vamos a convertirnos en cristianos».

Los pastores y misioneros se vieron enfrentados con grandes oportunidades. El reto fue aprovecharse de este entusiasmo, que podía disiparse rápidamente, y canalizar a estas personas a iglesias responsables establecidas de cristianos que conocen al Señor, y obedecen su palabra. En su experiencia no había sucedido nada como esto en la Costa de Marfil, y era natural que temieran, no fuera que la emoción fuera transitoria como muy bien pudiera ser.[5]

Argentina

TOMMY HICKS

En 1952 Dios le habló al evangelista Tommy Hicks mediante una visión, diciéndole que fuera a América del Sur y predicara el evangelio. En 1954, de camino a Buenos Aires, por la mente de Hicks pasó el nombre Perón. No conocía a nadie con ese nombre. Cerca del paradero del vuelo le preguntó a la azafata si conocía a alguien con ese nombre. Respondió:

«Sí, el señor Perón es el presidente de Argentina». Hicks procuró una cita con el señor Perón pero se le hizo difícil. Entonces ocurrió un extraordinario suceso en la oficina del presidente. Mientras procuraba una entrevista, Hicks se topó con el secretario del señor Perón, quien tenía una pierna mala. Hicks oró por él y fue sanado instantáneamente. Esto llevó a que le presentaran al General Perón a Hicks.

Perón recibió a Hicks cálidamente y le dijo a su asistente que le diera a Hicks lo que quisiera. Bajo petición de Hicks, le concedieron el uso de un enorme estadio así como libre acceso a la prensa y la radio que estaban controladas por el gobierno. La campaña duró 52 días. Hicks predicó el evangelio del poder salvador de Jesús, enfatizando la sanidad divina. Más de dos millones de personas asistieron a las reuniones. La última noche unas 200.000 personas asistieron a la campaña. Aunque casi todas las iglesias locales crecieron como resultado de la campaña, las Asambleas de Dios ganaron la mayoría. Su crecimiento, de 174 en 1951 hasta casi dos mil miembros en 1956, refleja el tremendo impacto de la campaña de Hicks.[6]

India

Suba Rao fue el director de una escuela gubernamental en la India, miembro de una de las castas medianas y un hombre adinerado. Odiaba a los misioneros y se reía del bautismo. Veía a la iglesia como una asamblea de castas bajas (realmente era así en la India).

Uno de sus vecinos y amigo íntimo enfermó. Estuvo enfermo durante dos años y se estaba desgastando. Fue a muchos médicos sin resultado alguno. Una noche, mientras Suba Rao estaba dormido, se le apareció el Señor Jesús y le dijo: «Si vas y la pones la mano en la cabeza de ese hombre y oras en mi nombre, lo sanaré». Suba Rao despertó y se echo a reír; pensaba que era un sueño cómico y volvió a dormirse.

La noche siguiente el Señor Jesús se paró a su lado y dijo: «Si vas y le pones la mano en la cabeza de ese hombre y oras para que sea sanado, lo sanaré». Suba Rao se despertó. Esta vez no se echó a reír, y no volvió a dormirse; pero tampoco le puso las manos al enfermo. Pensó: «¡Eso es imposible!» La tercera noche el Señor Jesús volvió a presentársele. Esta vez se levantó inmediatamente y fue donde su vecino. Le puso las manos en la cabeza, oró por él, y por la mañana el hombre dijo: «Me siento mucho mejor. Hazlo de nuevo». El hombre fue sanado.

Suba Rao tiró sus ídolos. Comenzó a leer la Biblia. Comenzó una clase de estudio bíblico entre sus vecinos. Hoy día aún ridiculiza al bautismo. Todavía no se ha unido a ninguna iglesia, pero se proclama seguidor del Señor Jesús. La sanidad de las personas en el nombre de Jesús se ha convertido en su principal ocupación. Unirse a la iglesia, que en la India está mayormente compuesta de las castas menores de la sociedad india es, según él, un paso imposible para él. Aun así, el Señor Jesús sana personas mediante Suba Rao.[7]

LAS TRIBUS NISHI

Las tribus Nishi en la División Sulansini en la India ahora son receptivas a lo milagroso. Todo comenzó cuando el hijo más joven de un alto oficial de gobierno enfermó mortalmente:

> Un farmacólogo hindú, reconociendo que el niño estaba más allá del alcance la ayuda médica, le aconsejó al padre que «intentara al Dios cristiano, Jesucristo. Una vez oí que había levantado a un hombre llamado Lázaro, ¡que estuvo muerto por tres días!» Mientras el hombre se acercaba a su casa, escuchó gritos y llantos, y sabía que su hijo se había muerto. Entró a la casa, descubrió que así fue, pero entonces entró al cuarto del hijo, le puso su mano en el pecho de su hijo muerto y oró. «Jesús, no sé quién eres, pero acabo de escuchar que levantaste a Lázaro de los muertos después de tres días. Mi hijo se murió hace unas horas, y si lo levantas, te prometo, aunque no sé quién eres, que yo y mi familia te adoraremos». Los ojos del niño inmediatamente comenzaron a moverse de nuevo y fue restaurado a la vida. El impacto del milagro fue tremendo. Las personas gritaron: «Jesús, ¿quién eres tú? ¡Qué amor tienes por nosotros!» En un par de semanas, cientos entregaron sus vidas a Jesús.[8]

China

David Wang es el director general de *Asian Outreach* [Alcance asiático]. Visita China frecuentemente y tiene contacto regular con los creyentes. Son emocionantes sus informes de lo que el Señor está haciendo en China.

Por ejemplo, nos cuenta que cerca de Foochon hay un lugar llamado Montaña Cristiana. La comunidad de Montaña Cristiana consta de unas treinta a cincuenta mil personas, de las cuales 90% son cristianas. El crecimiento de esta comunidad cristiana puede relacionarse directamente a la liberación de una niña poseída por demonios en 1969-70.

Indonesia

El reconocido teólogo alemán Kurt Koch realizó una excelente investigación sobre lo que ahora se llama el «avivamiento en Indonesia». Timor es una de las islas del extremo oriental de Indonesia. De una población de un millón, unas 450.000 personas pertenecen a la antigua Iglesia Reformada Holandesa. De acuerdo con Koch, para comienzos de los 1960 el estado espiritual de las iglesias era casi catastrófico. Timor jamás había sido evangelizado; solo «cristianizado». En 1964, en una visión, Dios le instruyó a un hombre llamado Jefté (un maestro en la isla de Rota) que viajara a Timor y sostuviera una campaña. Desde el comienzo de la campaña Dios confirmó el llamado de Jefté con un poderoso ministerio de señales y maravillas. Después del cierre de la campaña, se sostuvo otra semana de sanidades en Sol. De acuerdo con varios informes, que luego fueron confirmados, se sanaron varios miles. Todo eso fue el principio de lo que se desarrolló en un poderoso avivamiento, donde se salvaron miles. En una zona un equipo evangelístico ganó más de 9.000 personas para Cristo solo en dos semanas.

Canadá

LAGO RED SUCKER, MANITOBA, 1951
Una joven pareja de misioneros novatos, pasaba su primer invierno matrimonial en una aislada villa de indios Cree cerca del Lago Red Sucker. Se acercaba la primavera, y los lagos y los ríos estaban atestados de hielo, haciendo imposible que amarizaran aviones. No había conversación telefónica ni radial con el exterior.

Los misioneros apenas comenzaban a aprender el idioma indio. El niño pequeño de un prominente nativo enfermó seriamente. No había instalaciones médicas en la villa y los obreros no tenían preparación médica. Mientras empeoraba la condición del niño, las amistades le sugirieron que quizás uno de los nuevos misioneros orara por el niño. El padre del niño rehusó, diciendo: «Él es un falso maestro, ¿cómo podría hacer bien alguno?» Pasaron los días y la condición del niño se hizo crítica, hasta que a todos le resultó obvio que estaba muriéndose. Los vecinos dijeron: «Bueno, ahora ya no le va a hacer daño que ore por él. De todas maneras el niño se está muriendo». El padre cedió desganadamente. El misionero vino a la tienda de campaña, oró brevemente por el niño para que se mejorara, entonces se marchó. El día siguiente el niño se había recuperado completamente. El niño creció y hoy lleva una vida normal, felizmente casado. Por fin el padre se convirtió, fue a un instituto bíblico, y se convirtió en pastor de la iglesia india de la villa.[9]

Utilicemos la llave evangélica

*E*l rostro de los evangélicos está cambiando, y rápidamente. Según David B. Barrett, en 1990 había 405 millones de pentecostales y carismáticos a través de todo el mundo; ¡para el año 2000 Barrett calcula que habrá 619 millones! Los fundamentalistas y los evangélicos conservadores, que no son carismáticos, ya no pueden ignorar las primeras dos oleadas del Espíritu Santo en este siglo. Están rodeados.[1]

Uno de esos dos grupos, los fundamentalistas, se ha aislado de los pentecostales y los carismáticos. La mayoría de los fundamentalistas (aunque no todos) están fuera de las primeras dos grandes oleadas del Espíritu Santo, aludiendo a críticas de hace cincuenta años sobre los excesos de los pentecostales. A medida que el movimiento del Espíritu Santo crece a su alrededor, creo que muchos de ellos podrían llegar a ser más extrovertidos en su oposición a los pentecostales y los carismáticos, mientras que otros podrían ablandarse y hasta abrirle sus corazones a la obra del Espíritu.

El segundo grupo, los evangélicos conservadores, es el objeto de la nueva ola, la Tercera Ola, de la obra del Espíritu Santo en este siglo. C. Peter Wagner acuñó el término «Tercera Oleada». He aquí lo que dijo sobre ella en el número de enero de 1986 de la revista *Christian Life* [Vida cristiana]:

> El término «Tercera Oleada» ha estado con nosotros por unos tres años. Parece que está bastante de moda. Ahora las personas saben que no nos referimos al libro de título similar de Alvin Toffler, sino a la tercera oleada del poder del Espíritu Santo en el siglo veinte.
>
> ...La Tercera Oleada comenzó alrededor de 1980 con la apertura de un creciente número de iglesias e instituciones tradicionales evangélicas a la obra sobrenatural del Espíritu Santo, aunque no eran, ni deseaban convertirse, en pentecostales o carismáticos.
>
> ...Una de las características de la Tercera Oleada es la ausencia de división. Muchas iglesias que no tienen origen pentecostal o carismático comienzan a orar por los enfermos y son testigos del poder sanador de Dios mientras evitan lo que algunos consideran (correcta e incorrectamente) los excesos del pasado.

El último punto del doctor Wagner, sobre la ausencia de división, es lo que más me emociona sobre la Tercera Oleada. Donald G. Bloesch escribe:

> El único camino espiritual genuino hacia la verdadera... unidad [entre los cristianos] es un retorno al mensaje y las enseñanzas de la Biblia con la ayuda de la tradición de toda la iglesia. *Sin embargo, ese retorno incluirá no solo la aceptación de la verdadera doctrina sino también una renovación de la fe personal... La conversión que pedimos es tanto espiritual como intelectual.*[2]

La verdadera unidad entre los cristianos vendrá solamente cuando se traten los asuntos que los dividen. En el resto de este Apéndice me ocuparé de las preocupaciones de muchos evangélicos conservadores sobre el ministerio actual del Espíritu Santo.

* * *

Para los evangélicos conservadores, de una manera o la otra, la teología es *muy*importante. Sin embargo, en un punto su teología es un obstáculo para su entendimiento de las señales y las maravillas. Parte de la herencia teológica de los evangélicos conservadores niega que los dones estén en vigencia hoy. Así que un gran asunto que debe tratarse para prosperar la unidad conservadora evangélica y carismática es lo teológico: la teoría del cese de los dones carismáticos.

Parece que hay dos formas fundamentales de probar bíblicamente que los dones milagrosos han cesado y no son para hoy día. El primer argumento dice que *los dones milagrosos eran integrales al oficio de un apóstol, y que cesaron cuando cesó el oficio o don apostólico al final del primer siglo.* Además, el propósito principal de los dones sobrenaturales era verificar el oficio apostólico o el mensaje apostólico. En otras palabras, los dones milagrosos hacían falta para establecer la Iglesia, pero no para mantenerla. (Pasajes como Efesios 2.20, 1 Corintios 4.9 y 15.8, y Hebreos 2.3-4 son interpretados como indicios de que el oficio del apostolado se limitaba al primer siglo). El segundo argumento primordial para el cese de los dones milagrosos declara que *los milagros están conectados con la revelación canónica. Cuando se completó el Nuevo Testamento, cesaron los dones milagrosos.*

Sin embargo, no hay mucha evidencia bíblica para ninguna de esas posiciones. B.B. Warfield, un teólogo de fines del siglo diecinueve y principios del veinte cuyo libro *Counterfeit Miracles*[3] sigue siendo influyente en la actualidad, sostiene que solamente los apóstoles y aquellos a quienes los apóstoles le impusieron las manos recibieron los dones sobrenaturales. Pero en su mejor momento su argumento es el argumento del silencio. La Biblia presenta la vida de personas especiales como ejemplos a seguir. Pero cuando muchos cristianos modernos leen sobre los apóstoles, Esteban, Felipe, Ágabo, y otros en el libro de Hechos, suponen que no deben copiarse su dirección divina ni los milagros, y ni siquiera esperarlos hoy día. Sin embargo, esa presuposición no tiene apoyo bíblico.

¿Acaso hay solo unos cuantos en el Nuevo Testamento que experimentan los dones milagrosos? ¿Y los setenta y dos en Lucas 10.17? En el libro de Hechos había ciento veinte (1.15), Cornelio y los gentiles (10.44-46), Ananías (9.10-18), el profeta Ágabo (11.28; 21.10-11), las personas mencionadas en 13.1, los profetas Judas y Silas (15.32), y las cuatro hijas vírgenes de Felipe (21.9). No hay evidencia de que los apóstoles le impusieran las manos a ninguno de ellos para que pudieran recibir dones milagrosos. En realidad, Ananías, que no era apóstol, ¡fue quien le puso las manos a Pablo y lo vio llenarse del Espíritu Santo!

Las epístolas también están llenas de ejemplos de personas que no eran apóstoles que experimentaron dones sobrenaturales. Pablo les dice a los corintios que ninguno de esos dones estaba ausente entre ellos (1 Corintios 1.7), y Pedro dice que «cada uno» ha recibido algún don espiritual (1 Pedro 4.10). Se usaba la profecía en Roma (Romanos 12.6), Tesalónica (1 Tesalonicenses 5.20), y Éfeso (Efesios 4.11). Y la forma en que Pablo menciona los milagros en la carta a los gálatas sugiere que los milagros eran algo común entre ellos (Gl 3.5). Después de haber mirado la evidencia bíblica concluyo que los dones milagrosos no estaban confinados a los apóstoles y a quienes les impusieron las manos.

Además, no hay evidencia bíblica de que el único propósito de las señales y los milagros era verificar el ministerio de los apóstoles. De ser así, ¿por qué tantas personas que no fueron apóstoles los experimentaron?

Aparte de eso, el Nuevo Testamento le adjudica otras funciones importantes a las señales y las maravillas. En primer lugar, verifican la relación de Jesús con su Padre celestial, demostrando que es el Mesías y el Hijo de Dios (Mateo 11.1-6; 14.25-32). En otras palabras, verifican la persona y la misión de Jesús. En segundo lugar, al confirmar el mensaje del evangelio, ellos llevan a las personas al arrepentimiento y a creer en Jesús, como se percibe en el ministerio homilético de los apóstoles (Romanos 15.18-19; Hechos 13.11) y en su ministerio escrito (Juan 20.31-31). Además de lo que verifican, los dones del Espíritu son dados a *toda la iglesia*, según Pablo, «para el bien de todos» (1 Corintios 12.7), para la edificación de todo el cuerpo (véase también 1 Corintios 14.3).

Si Jesús y el mensaje sobre Jesús requería verificación en el primer siglo, ¿por qué no hace falta hoy? ¿Por qué hicieron falta señales y maravillas *después* de su resurrección y ascensión, como se registra en el libro de Hechos? ¿Por qué no hay texto bíblico que indique que Dios ha eliminado la función verificadora de lo milagroso, o que ya la Iglesia no necesita la verificación milagrosa para el mensaje del evangelio? Concluyo que la verificación milagrosa es tan válida hoy día como lo fue en el primer siglo.

Una teoría más popular sobre el cese se basa en la interpretación de 1 Corintios 13.10: «pero cuando venga lo *perfecto*, entonces lo que es en parte desaparecerá». Muchos evangélicos conservadores enseñan que aquí «perfecto» se refiere al cierre del canon bíblico (el Nuevo Testamento), reconocido en el Concilio de Cartago en el 397; y que «lo que es en parte» se refiere a los dones carismáticos, que ahora han «desaparecido» o cesado.

En cuanto a los dones sobrenaturales, un autor popular escribe:

> Estos [milagros, sanidad, lenguas, e interpretación de lenguas] fueron ciertas habilitaciones dadas a ciertos creyentes con el fin de verificar o confirmar la palabra de Dios cuando fue proclamada en la Iglesia primitiva antes que se redactaran las escrituras. Estos dones portentosos fueron temporales... Una vez que se escribió la Palabra de Dios, los dones portentosos ya no hacían falta y cesaron.[4]

El argumento para igualar lo «perfecto» con el cierre del canon del Nuevo Testamento tiene dos partes. En primer lugar, la palabra «perfecto» es un sustantivo neutro, y debe, infieren ellos, referirse a una cosa, no a una persona. Como la Biblia es una cosa y su género es neutral, resulta que es la cosa «perfecta» a la cual Pablo hace referencia. En segundo lugar, esta interpretación, declaran ellos, encaja bien con los versículos 8, 9, 11 y 12 del mismo pasaje en 1 Corintios 13: «cesarán las lenguas ... Porque en parte conocemos ... Cuando yo era niño, hablaba como niño ... Ahora conozco en parte; pero entonces conoceré como fui conocido». En esa manera de pensar, las lenguas son infantiles, mientras que la Biblia es madura.

Esta interpretación tiene varias debilidades, de las que una de las mayores es que se construye una importante doctrina sobre un pasaje bastante oscuro. ¿En qué otra parte de la Biblia hay pista alguna de esa enseñanza?

Aparte de eso, aunque «perfecto» es un sustantivo neutro, en el griego no hay razón para limitar su referencia a otro sustantivo neutro. Un sustantivo o pronombre neutro puede usarse para describir cosas o personas masculinas o femeninas. Un ejemplo es la palabra griega traducida «niño» (*teknon*). Aunque de género neutro, este sustantivo podría describir a una niñita o a un niño. El asunto es que en el griego, como en el alemán, el género es gramático, no sexual.

Quizás un problema mayor sea que su interpretación invita a abandonar el contexto inmediato de 1 Corintios 13 para determinar la identidad de lo «perfecto». Arbitrariamente saltan a 2 Timoteo 3.15-16. Una mejor interpretación de «perfecto» es que se refiere a la *situación* que existirá cuando vuelva Cristo, el «estado perfecto» que describe Pablo en 1 Corintios 13.12: «Ahora vemos por espejo, obscuramente; mas entonces veremos cara a cara. Ahora conozco en parte; pero entonces conoceré como fui conocido». El género neutro en el griego se usaría naturalmente para referirse a esa situación futura.[5]

* * *

Sería un error pensar que la teología es el único obstáculo para la unidad de los evangélicos conservadores y los carismáticos. En realidad, he descubierto que los intentos de unirse alrededor de la teología no son satisfactorios. El miedo, por ejemplo, es otra barrera. Particularmente el miedo a que se menosprecie la autoridad de la Biblia por dones como la profecía y las lenguas, que la experiencia subjetiva reemplace la verdad objetiva como la plomada del cristianismo.

También hay una barrera cultural. Los evangélicos conservadores han aumentado en los últimos años su condición social, económica y educativa, dificultándoseles la relación con los pentecostales.[6] Estos también han mejorado su posición social, aunque no tan rápidamente como los evangélicos conservadores. Por otra parte, muchos evangélicos conservadores han sido favorablemente afectados por la renovación carismática (por personas de una posición social cercana a la de ellos), aun cuando, debido a las reservas teológicas, no han experimentado los dones.

Otra oleada del Espíritu Santo, que afecta a los evangélicos conservadores, ha llegado con distintos modelos de cómo deben funcionar los dones carismáticos, como en la evangelización poderosa. Así como el pentecostalismo y la renovación carismática han producido diferentes resultados mientras afectan a diferentes grupos de personas, este movimiento de renovación tiene un sabor diferente, con un énfasis particular en la evangelización personal. C. Peter Wagner refleja esta manera de pensar al contestar una pregunta en cuanto si él se considera carismático o pentecostal:

No me veo ni como carismático ni como pentecostal. Pertenezco a la Iglesia Congregacional de la Avenida Lake. Soy congregacionalista. Mi iglesia no es una iglesia carismática, aunque algunos de nuestros miembros son carismáticos.

Sin embargo, nuestra iglesia está cada vez más abierta a la manera en que el Espíritu Santo obra entre los carismáticos. Por ejemplo, después de cada culto, nuestro pastor invita a las personas que requieren sanidad física y sanidad interna para que pasen adelante y vayan al cuarto de oración y sean ungidos con aceite y que se ore por ellos, y tenemos equipos de personas que saben orar por los enfermos.

Nos gusta pensar que lo estamos haciendo a la manera congregacional; no lo hacemos al estilo carismático. Pero obtenemos los mismos resultados.[7]

La Tercera Oleada pone énfasis en el sacerdocio universal de todos los cristianos. Los únicos requisitos para montarse en esa ola son hambre de Dios y humildad para recibirlo en sus propios términos. Su encuentro de poder dista tanto como esta oración: «Espíritu Santo, te abro mi corazón, mi ser interior. Me aparto del pecado y la suficiencia propia y te pido que me llenes con tu amor, poder y dones. Ven, Espíritu Santo».

~NOTAS~

Capítulo 2

1. La comprensión hebrea del tiempo difería de la de los griegos. Para los hebreos, el propósito de Dios avanza hacia una consumación (esto se llama un punto de vista lineal del tiempo). En contraste con eso, el punto de vista cíclico del tiempo era algo común en el mundo antiguo, un punto de vista en que los sucesos simplemente continuaban o regresaban al punto dónde comenzaron, sin ningún sentido de propósito o dirección. Las palabras griegas del Nuevo Testamento que se traducen por «eternidad» (*eis ton aiona*, por lo general traducidas «para siempre») literalmente significan «a través de las edades» (véase también Marcos 3.29; Lucas 1.33, 55; Gálatas 1.5; 1 Pedro 4.11; Apocalipsis 1.18). El concepto hebreo del tiempo enfatizaba los tiempos señalados por Dios para cumplir sus propósitos en la tierra. Por último, los hebreos dividieron la historia en dos etapas. La primera, este siglo, es mala; la segunda, la era por venir, es buena.

2. George Ladd, *A Theology of the New Testament* [Una teología del Nuevo Testamento], Lutterworth Press, Guildford, 1974, p. 48.

3. *Ibid.*, p. 69.

Capítulo 3

1. Gran parte de este capítulo se basa en material derivado de los escritos de George Ladd y James Kallas. A los lectores interesados en lectura adicional sobre el Reino de Dios, les recomiendo *A Theology of the New Testament* [Una teología del Nuevo Testamento] de George Ladd y *The Real Satan* [El verdadero Satanás], James Kallas, Augsburg, Minneapolis, Minnesota, 1975. Para un punto de vista parecido al de Ladd, los lectores católicos podrían referirse a *The Moral Teaching of the New Testament* [La enseñanza moral del Nuevo Testamento], Rudolf Schnackenburg, Seabury, Nueva York, 1965, especialmente el capítulo 1. Schnackenburg

ajusta las demandas morales de Jesús «principal (pero no exclusivamente) dentro del marco de su evangelio del Reino de Dios» (p. 13).

2. No afirmo que Satanás tiene el mismo poder que Cristo. Cualquier autoridad que Satanás tenga se deriva de Dios. Por un tiempo, Dios le ha permitido a Satanás afligir al mundo para que el juicio y la misericordia de Dios puedan demostrarse en la creación, especialmente en su obra en la cruz.

3. La palabra griega usada en el Nuevo Testamento para «iglesia», *ekklesia*, también se usó en la traducción griega del Antiguo Testamento (la Septuaginta). Literalmente significa «los llamados», indicando una vez más que la Iglesia neotestamentaria está en continuidad directa con el pueblo veterotestamentario de Dios.

4. Para profundizar más en la relación entre el Reino y la Iglesia, vea Ladd, *A Theology of the New Testament* [Una teología del Nuevo Testamento], pp. 111-119.

Capítulo 4

1. Jesucristo vino al mundo para salvar de Satanás a hombres y mujeres, para perdonarlos y regenerarlos, para darles vida eterna a todos los que creen en Él. El enfoque de este libro es las señales y las maravillas con el propósito de sobreponerse al reino de Satanás y como medio de llevar a muchos a Cristo. Al concentrarnos en las señales y las maravillas no quiero decir que son el todo de nuestra salvación, ni que la analogía de la Iglesia como un ejército sea la única manera de entenderla. También se nos llama familia, refugio, pueblo, nación, y así por el estilo, y cada término indica diferentes aspectos del propósito de Dios en la salvación.

Capítulo 5

1. Kallas, *The Real Satan* [El verdadero Satanás], p. 60.
2. George Ladd, *The Presence of the Future* [La presencia del futuro], Eerdmans, Grand Rapids, Michigan, 1974, págs. 160-161.
3. *Ibid.*, p. 162.

Capítulo 6

1. De esta ilustración y a través del capítulo surgen muchas preguntas sobre la posesión demoniaca. Por ejemplo, ¿cuál es la relación entre

las enfermedades de la personalidad y la posesión demoniaca? ¿Cómo puede uno percatarse de la diferencia entre ambas? Preguntas como esas son importantes; pero ese no es el enfoque de este libro. Aquí mi propósito al presentar estas preguntas es que los lectores entiendan que me ocupo solo de un aspecto de un tema complejo. Véase *Power Healing* [Sanidad poderosa], John Wimber y Kevin Springer, Hodder & Stoughton, Londres, 1986, pp. 97-125.

2. Alan R. Tippett, *People Movements in Southern Polynesia* [Movimientos populares en el sur de Polinesia], Moody Press, Chicago, 1971.

3. C. Peter Wagner, «Special Kinds of Church Growth» [Tipos especiales de crecimiento de iglesia], notas de clase, Seminario Teológico Fuller, 1984, p. 14.

4. Este testimonio viene de una entrevista con Pradip Sudra en enero de 1991, conducida en el Seminario Teológico Fuller, Pasadena, California.

Capítulo 7

1. Oscar Cullmann, *Christ and Time* [Cristo y el tiempo, Editorial Estela, Barcelona, 1968], Westminster Press, Filadelfia, 1964, p. 64.

2. Karl Ludwig Schmidt, «Ethnos in the NT» [Ethnos en el Nuevo Testamento], G. Kittel, editor, *Theological Dictionary of the New Testament* [Diccionario teológico del Nuevo Testamento], vol. 2, Eerdmans, Grand Rapids, Michigan, 1964, p. 369.

Capítulo 8

1. Véanse los Apéndices A y B, donde ilustro los encuentros de poder en la historia de la Iglesia.

2. John Wesley, *The Works of John Wesley* [Las obras de Juan Wesley], 3ra ed., Hendrickson Publishers, Peabody, Massachusetts, 1984, vol. 1, p. 170.

3. He aquí un ejemplo de la manera en la cual las personas respondieron a este tipo de experiencia. Kevin Springer, luego de dirigirse a la *Emmaus Fellowship* [Comunión Emaús], una iglesia en Ann Harbor, Michigan, en noviembre de 1984, varios meses después recibió esta carta de Martha Slauter, una mujer por la cual oró aquel día:

Quería comunicarle mis experiencias desde que oró por mí en Emaús. Le había pedido que orara para sacarme un espíritu de amargura y resentimiento. Usted lo hizo y se detuvo y dijo que sentía que había algo más, y entonces dijo que creía se me hacía difícil confiar en la gente. Usted oró por mí por una unción de la confianza misma de Dios en la gente. Quiero comunicarle que aún después de [ir a la] iglesia simplemente me *sentí* confiada y sentí que el Señor estaba haciendo algo diferente en mis relaciones con las hermanas. Sentí al Señor sirviendo el amor que tiene por mí a través de ellos. Cuando llegamos a casa de la iglesia y estábamos hablando sobre todo, le comuniqué a Gary [su esposo] que quería ir a hablar con el doctor Dave King [un consejero cristiano]. Eso en sí era significativo ya que jamás hubiera estado dispuesta a eso anteriormente. He estado esclavizado a la desconfianza y he permitido que las circunstancias me dominen, hasta el punto de hundirme en la autocompasión y dejar que se apodere de mí la depresión. El Señor me mostró que deseaba que resolviera esas cosas de una vez para siempre, que tenía victoria para mí y que quería sanar todas esas cuestiones en mí para que pudiera continuar con Él, libre de todo impedimento. El doctor King ha sido bendición para ambos y nos ha ayudado a descubrir mucha basura. Ha sido como encender una luz, la luz indagadora del Espíritu de Dios. El Señor realmente ha usado la consejería para revelar algunas normas incorrectas en la relación con las personas que había desarrollado simplemente por el modo en que me criaron y a través de relaciones antes y después de entregarme al Señor. ¡Ha sido increíble! ¡Lo sorprendente es cuán suave, amorosa y misericordiosa es la «cirugía espiritual» de Dios! Para hacer gran parte de su obra, el Señor también usó dos ocasiones en que se oró por mí y me caí literalmente al suelo. Jamás me sentí condenada por Dios mientras Él señalaba todas esas esferas problemáticas, solamente me sentí muy afirmada en su amor y placer para conmigo. Antes tenía un problema al sentirme condenada por todo.

Capítulo 9

1. Anónimo, «Where the Spirit of the Lord Is» [En dónde está el Espíritu del Señor], *New Covenant* [Nuevo pacto], octubre 1978, pp. 15-16.

2. Werner Foerster, «Exousia», *Theological Dictionary of the New Testament* [Diccionario teológico del Nuevo Testamento], vol. 2, p. 568.

Capítulo 11

1. No quiero decir que la evangelización poderosa es la única clase de evangelización practicada en el Nuevo Testamento. Ni tampoco quiero decir que la evangelización poderosa es la clase más practicada por los cristianos a través de la historia de la iglesia. Por ejemplo, los evangélicos afirman que la proclamación del mensaje del evangelio tiene poder espiritual intrínseco, una afirmación que yo no negaría. Pero mi punto permanece: la evangelización poderosa fue uno de los tipos normales de evangelización en la Iglesia primitiva y ha surgido a través de la historia de la Iglesia con resultados asombrosos.
2. C. Peter Wagner, «A Third Wave» [Una tercera oleada], *Pastoral Renewal* [Renovación pastoral], julio-agosto, 1983, pp. 1-5.
3. *Christianity Today* [El cristianismo hoy], 11 de marzo de 1991, p. 72.
4. Esta estadística, un aproximado, proviene de varias conversaciones con principales misionólogos en la Facultad de Misiones Mundiales en el Seminario Teológico Fuller. Cf. Craig Hanscome, «Predicting Missionary Dropout» [La predicción de la baja misionera], *Evangelical Missions Quarterly* [Revista de misiones evangélicas], 1979, pp. 152-155.
5. *National & International Religion Report* [Informe sobre la religión nacional e internacional], 11 de marzo de 1991, p. 2.

Capítulo 12

1. Estas ocasiones se resumen de la siguiente manera:

Obras de poder	Predicación	Crecimiento de iglesia
Pentecostés (2.4)	Pedro (2.14)	3,000 añadidos (2.41)
Lisiado sanado (3.1)	Pedro (3.12)	5,000 creyeron (4.4)
Señales milagrosas (8.6)	Felipe (8.6)	Hombres y mujeres creen (8.12)

Obras de poder	Predicación	Crecimiento de iglesia
Aparece Felipe (8.26)	Felipe enseña (8.35)	Eunuco bautizado (8.38)
Visión, aparece ángel (10.3, 12, 44)	Pedro (10.34)	Gentiles bautizados; Espíritu cae (10.47)
Mano del Señor con ellos (11.20-21) Evidencia de la gracia de Dios (11.23-24)	Hombres de Chipre (11.20) Bernabé (11.23)	Muchos creen (11.21) Gran número cree (11.24b)
Cae el Espíritu Santo (13.1-3)	Bernabé, Saulo (13.1)	Iglesias en Asia y Europa, pueblo dividido (14.4, 21, 22)
Señales y maravillas milagrosas (14.1-7)	Pablo y Bernabé (14.3)	
Lisiado sanado (14.8-18)	Pablo y Bernabé (14.15)	Reunión de discípulos (14.21)
Demonio expulsado (16.16)	Pablo y Silas (16.14)	Reunión de creyentes (16.40)
Terremoto, se abren las puertas de la cárcel (16.25-26)	Pablo y Silas (16.31-32)	Se salvan el carcelero y su familia (16.34)
Poder de Dios (18.1; cf. 1 Co 2.1, 4, 5)	Pablo (18.5)	Creen muchos (18.8)
Milagros extraordinarios (19.11-12)	Pablo (19.10)	Iglesias en Asia

Capítulo 13

1. D. Martyn Lloyd-Jones, *Joy Unspeakable* [Gozo indescriptible], Kings-way, Eastbourne, 1984, p. 75.

Capítulo 15

1. Viggo Sogaard, proyecto de maestría en artes, «Commissioned to Communicate: Cassettes in the Context of a Total Christian Communication Program» [Comisionados para comunicar: los casetes en el contexto de un programa total de comunicación cristiana], Wheaton Graduate School [Facultad de posgrado Wheaton], Wheaton Illinois, 1973. Además, cf. Viggo Sogaard, *Everything You Need to Know for a Cassette Ministry* [Todo lo que necesita saber para un ministerio de casetes], Bethany Publishing Company, Minneapolis, Minnesota, 1975.

2. James Engel y Wilbert Norton, *What's Gone Wrong with the Harvest?* [¿Qué salió mal con la cosecha?], Zondervan, Grand Rapids, Michigan, 1975, p. 45.

Capítulo 17

1. Este material se deriva de entrevistas con Jerry Brown, un misionero de las Asambleas de Dios de Ecuador y amigo íntimo del doctor Flores. Las entrevistas fueron conducidas en el Seminario Teológico Fuller, Pasadena, California, en febrero de 1991.

Capítulo 18

1. James Sire, *The Universe Next Door* [El universo contiguo], InterVarsity Press, Leicester, 1976, p. 17.

2. Charles Kraft, *Christianity and Culture* [Cristianismo y cultura], Orbis Books, Maryknoll, Nueva York, 1979, p. 53.

3. Charles H. Kraft, *Christianity with Power* [Cristianismo con poder], Vine, Ann Harbor, Michigan, 1989, p. 20.

Capítulo 19

1. John Maroom, Jr., «The Fire Down South» [El fuego en el sur], *Forbes*, 15 de octubre de 1990, p. 56.

2. *Ibid.*, p. 57.

3. *Ibid.*, p. 64.

4. Paul Hiebert, «The Flaw of the Excluded Middle» [La falta del medio excluido], *Missiology* [Misiología], 10.1, 1982, pp. 35-47.

Capítulo 20

1. Harry Blamires, *The Christian Mind* [La mente cristiana], SPCK, Londres, 1963, p. 44.
2. Lesslie Newbigin, *Foolishness to the Greeks* [Locura para los griegos], SPCK, Londres, 1986, p. 14.

Capítulo 21

1. Véase John Wimber y Kevin Springer, *Power Healing* [Sanidad poderosa], Hodder & Stoughton, Londres, 1986, capítulo 7.
2. Blamires, *The Christian Mind* [La mente cristiana], p. 44.
3. *Ibid.*, p. 67.
4. *Ibid.*, p. 86.
5. *Ibid.*, p. 106.
6. Kraft, *Christianity with Power* [Cristianismo con poder], pp. 104, 108-114.

Capítulo 22

1. Kraft, *Christianity and Culture* [Cultura y cristianismo], p. 60. El doctor Kraft muestra cómo funciona este proceso de presuposición/conclusión. He aquí algunas características culturales y las presuposiciones y conclusiones a las que se llega usando cada una:

Característica cultural	Presuposición	Conclusión
Vestimenta	1. Es inmodesto andar desnudo (Estados Unidos)	1. Hay que usar ropa hasta para acostarse.
	2. Uno se cubre el cuerpo para esconder algo (Pueblo Gava, Nigeria)	2. Ir desnudo para probarse a sí mismo.
	3. Solo como adorno (Pueblo Higi, Nigeria)	3. Solo algunas veces. Arreglarse o cambiarse en público.

Característica cultural	Presuposición	Conclusión
Comprar	1. Transacción económica impersonal (Estados Unidos)	1. Precios fijos.
	2. Asunto social y personal (África, Asia, Latino América)	2. Regateo. Establecer relación personal.
Juventud	1. Deseable (Estados Unidos)	1. Verse y actuar joven. Uso de cosméticos.
	2. Tolerado: algo a lo que hay que sobreponerse (África)	2. Hay que portarse con madurez. No actuar como los jóvenes.
Edad	1. Indeseable (Estados Unidos)	1. Temido. Viejos indeseados.
	2. Deseable (África)	2. Viejos reverenciados.
Educación	1. Primordialmente formal, fuera del hogar, centrado en el maestro (Estados Unidos)	1. Escuelas formales. Especialistas contratados.
	2. Primordialmente informal, en el hogar, centrado en el aprendiz, tradicional (África)	2. Se aprende haciendo. Discipulado. Proverbios y cuentos.

2.   Kraft, *Christianity with Power* [Cristianismo con poder], p. 122.

Capítulo 23

1.Herman Ridderbos, *The Coming of the Kingdom* [La llegada del reino], Presbyterian and Reformed, Filadelfia, 1962, p. xi.
2.   C. Peter Wagner, *Church Growth and the Whole Gospel* [Crecimiento de iglesia y todo el evangelio], Harper & Row, Nueva York, 1981. Véase

también Lucas 4.18-19; 7.21-22; Marcos 16.17-18. (Nótese que he añadido calmar tormentas y alimentar a miles).

3. *Ibid.*

4. Cf. Colin Brown (editor), *New International Dictionary of New Testament Theology* [Nuevo diccionario internacional de teología neotestamentaria], vol. 2, Paternoster Press, Exeter, 1976, p. 631.

5. Rene Laurentin, *Miracles en El Paso* [Milagros en El Paso], Servant, Ann Harbor, Michigan, 1982.

Capítulo 24

1. *Evangelicals and Social Concern, An Evangelical Commitment* [Los evangélicos y el interés social, un compromiso evangélico], Núm. 21, 1982, pp. 9-11, 30-32.

2. James Dunn, *Jesus and the Spirit* [Jesús y el Espíritu], SCM Press, Londres, 1975, pp. 48-49.

Capítulo 25

1. John Wilkinson, *Health and Healing* [Salud y sanidad], Columbia University Press, Nueva York, 1980. El análisis de Wilkinson demuestra que de todos los versículos en los Evangelios, los relacionados con la sanidad se presentan en las siguientes proporciones: Mateo 9%; Marcos 20%, Lucas 12%; Juan 13%.

2. Edward Langton, *Essentials of Demonology: A Study of Jewish and Christian Doctrine, Its Origin and Development* [Aspectos fundamentales de la demonología: Un estudio de la doctrina judía y cristiana, su origen y desarrollo], Epworth Press, Londres, 1949, p. 173.

Capítulo 27

1. Hija de Jairo: Mateo 9.18-26; Marcos 5.21-43; Lucas 8.40-56. Lázaro: Juan 11.1—12.19. El hijo de la viuda: Lucas 7.11-17. La multitud de santos: Mateo 27.52-53. (Casos veterotestamentarios incluyen: el hijo de la viuda de Sarepta, 1 Reyes 17.17-24; el hijo de la sunamita, 2 Reyes 4.18-37; los huesos de Eliseo, 2 R 13.14-21. Otros casos neotestamentarios incluyen: Pedro resucitando a Dorcas, Hechos 9.36-42; Pablo resucitando a Eutico, Hechos 20.7-12).

Capítulo 28

1. Robert K. Johnston (editor), *The Use of the Bible in Theology - Evangelical Options* [El uso de la Biblia en la teología - opciones evangélicas], John Knox Press, Atlanta, Georgia, 1985.

Capítulo 31

1. Dones del habla:

Ejemplo	Resultado
Lenguas (Hechos 10.44, 46)	Creyentes bautizados (10.47-48)
Profecía (13.1)	Conversión de los discípulos de
Lenguas/profecía (19.1-7)	Juan Bautista (19.5-7)

2. Visiones:

Ejemplo	Resultado
Pablo, Macedonia (Hechos 16.9)	Iglesias europeas
Pablo (18.9)	Iglesia en Corinto

3. Milagros:

Ejemplo	Resultado
Ananías/Safira (5.1-11)	Miedo (5.11, 13)
El Espíritu levantó a Felipe (8.39)	
Pablo cegado (9.1-9a)	
Elimas cegado (13.4-12)	Sergio Pablo creyó (13.12)
Pablo apedreado/resucitado (14.19-20)	Discípulos (14.21)

4. Sanidades:

Ejemplo	Resultado
Hombre lisiado (3.7-8)	Aumento a 5,000 (4.4)
Enfermos y atormentados por el mal (5.16)	Más sanados (5.16)
Sanidad de la ceguera de Pablo (9.17-19)	
Hombre lisiado de Listra (14.10)	Discípulos (14.21-22)
Demonio expulsado (16.18)	Hermanos (16.40)
Fiebre y disentería del padre de Publio (28.8)	Todos los enfermos en la isla sanados (28.9; comienza una iglesia según los historiadores de la Iglesia)

5. Visita angelical:

Ejemplo
Pedro (12.7); Pablo (27.23-24)

Apéndice B

1. Christian DeWet, «Signs and Wonders in Church Growth» [Señales y maravillas en el crecimiento de iglesia], tesis de maestría, Facultad de misiones Seminario teológico Fuller, diciembre 1981, pp. 93-123.
2. *Ibid.*, pp. 95-96, 98 (nota 3).
3. *Ibid.*, pp. 96-97.
4. Donald O. Young, «Signs and Wonders and Church Growth in the Ivory Coast» [Señales y maravillas y crecimiento de iglesia en la Costa de Marfil], Presentación escrita para MC:510, «Signs, Wonders, and Church Growth» [Señales, maravillas, y crecimiento de iglesia], Seminario Teológico Fuller, 1982.
5. Donald McGavran, «Healing and Evangelization of the World» [La sanidad y la evangelización del mundo], sílabo, Seminario de Crecimiento de iglesia en Basilia, 1979, p. 296.
6. De Wet, «Signs and Wonders» [Señales y maravillas], pp. 102, 106, cf. «But What About Hicks?» [Pero ¿y qué de Hicks?], *Christian Century* [Siglo cristiano], 7 de julio de 1954, pp. 814-815.
7. Donald McGavran, «Divine Healing and Church Growth» [Sanidad divina y crecimiento de iglesia], discurso ante una reunión de misioneros de la Alianza Cristiana y Misionera, Lincoln, Nebraska, 1979.
8. R.R. Cunville, «The Evangelization of Northeast India» [La evangelización del norte de la India], tesis de Doctor en Misiones, Facultad de Misiones Mundiales, Seminario Fuller, 1975, pp. 156-179.
9. G. Elford, «Signs and Wonders Among the Canadian Indians» [Señales y maravillas entre los indios canadienses], presentación escrita para MC:510, «Signs, Wonders, and Church Growth» [Señales, maravillas, y crecimiento de iglesia], Seminario Teológico Fuller, 1983.

Apéndice C

1. David B. Barrett, «Global Statistics of the Pentecostal/Charismatic Renewal» [Estadísticas globales de la renovación pentecostal/carismática], *Ministries Today 1991 Church Resource Directory* [Directorio de recursos eclesiásticos de Ministerios de hoy 1991], p. 9.
2. Donald G. Bloesch, *Essentials of Evangelical Theology* [Aspectos fundamentales de la teología evangélica], vol. 2, Harper & Row, San Francisco, 1978, p. 289.

3. Benjamin B. Warfield, *Counterfeit Miracles* [Milagros falsos], The Banner of Truth Trust, Edinburgo, 1918.

4. John MacArthur, *The Charismatics* [Los carismáticos], Zondervan, Grand Rapids, Michigan, 1978, p. 131.

5. F.F. Bruce, *1 & 2 Corinthians* [1 y 2 Corintios], Marshall, Morgan and Scott, Londres, 1971, p. 122. «Perfecto» aquí se refiere a la Segunda Venida de Cristo. Esta interpretación parece ajustarse bien dentro del contexto general de 1 Corintios, especialmente 1.7: «de tal manera que nada os falta en ningún don, esperando la manifestación de nuestro Señor Jesucristo». Véase también Wayne Grudem, *The Gift of Prophecy in the New Testament and Today* [El don de la profecía en el Nuevo Testamento y hoy en día], Kingsway, Eastbourne, 1988, pp. 227-252.

6. James Davison Hunter, *American Evangelicalism* [El evangelicalismo estadounidense], Rugers University Press, Brunswick, Nueva Jersey, 1980, pp. 41-48.

7. Wagner, «A Third Wave?» [Una tercera oleada], pp. 4-5.